運動助攻永續力

以運動推進ESG、SDGs，
打造永續冠軍Team Taiwan

陳祖安——著

目次

第二篇　Social社會：運動助攻社會共好

聯合國17項永續發展目標

註：本書所介之各事例，皆以圖示標記所涉之發展目標。

推薦序

見證那些推動遠大目標的人與事

曾文誠

這世上有很多真理，「運動有益健康！」絕對是其中之一。如果你不想動，只是單純想觀賞運動賽事也行，它能滿足你各種需求，看比賽可以讓你達到娛樂效果、欣賞高超技術、投射你的情感。競技場合也是社交聯誼好地方，一不小心或許還能對你人生有所啟發。這是我們可以想到關於運動，不論自己動或看別人動的好處。但陳祖安認為不止如此，在這本《運動助攻永續力》中顯然她讓我們將眼界打開了。

本書一起頭祖安不囉嗦直接寫到「幫助SDGs、ESG達標，我認為運動是絕佳的媒介。運動能帶來身心健康，直接助攻目標」，又說「世界上的強國都是體育大國，運動促進社會、經濟、環境永續，自然能強大國力，所以我認為運動對台灣有益。國家重視體育是比晶片CP值更高的投資，永不退流行的護國神山。」很明白地講，就是作者祖安希望藉由運動能達到二〇一五年聯合國頒布的SDGs永續發展目標，聽起來是不是很厲害，但好像有點硬對不對，至少我是這麼覺得。如果祖安朝這個方向一直說個不停，我猜本書它能達到的最大效果不是什麼SDGs、ESG，而是絕對的催眠效果，這我肯定，也算是另類的真理。

所以祖安不這麼寫，她嘗試說故事，用顯明的例子來告訴我們這座島上有多少企業、民間組織、個人在努力地推動這遠大的目標。我想舉幾個自己參與或在旁見證到的。之一是職棒球星周思齊成立的「球芽基金會」，他們以購買或與企業合作的方式，捐書以鼓勵棒球選手念書；推出赴日留學計畫，希望這些棒球孩子除了打球之外，未來還能有一技之長；舉辦棒球文物特展讓更多人了解台灣棒球的歷史過往等。

之二是擁有各種身分，其中之一是棒球裁判的劉柏君成立的「台灣運動好事協會」。這個協會從無到有自始至終努力推動運動平權，包括女性健康衛教；開發從運動圈角度切入的性平教材；舉辦各種國際體育論壇、展覽活動、發行《*Women in sports*》國際雜誌；在立法院推動成立女子運動外交促進會等。

之三是導演潘瑋杰創立的「社團法人中華民國身障棒壘球協會」，這個協會成立的目標很簡單：「每個人都該有打棒球的機會」。講起來輕鬆做起來卻極其挑戰，但潘瑋杰一一克服，也慢慢完成他讓每個人都有球打的夢想，不論是誰、身體狀況如何！

我很推薦身障棒壘球協會那篇，也就是我所說的祖安想藉由講故事達到談理念的方式。書裡提到那些身障朋友為了打棒球背後付出的種種一切，讀到「小兒痲痺症投手吳景傑，從小就想加入棒球隊，卻總因身體狀況遭拒，但他不願放棄，自己努力練到可以坐著投出時速一一〇公里的球」，一一〇公里是即使一般人都很難達到的球速，何況身障人士，而且光想到「努力坐著投出球」的畫面，你如何能不落淚。

祖安在說別人故事的同時也在說自己的，我很喜歡每個章節最前頭的文章。在這裡她談與女兒游泳、騎車，說到研究所那厲害的國手同學，提到身邊那位讓大家陪她跑起來的友人……每篇不長但都是祖安身邊可觸及的人事物，也正好和她接下來要聊的主旨很切合。也正是這些隻字片語，使得原本可能生硬的內容更添些溫暖。

這世上真理很多，如今在祖安筆下，我們完全了解「幫助SDGs、ESG達標，運動是絕佳的媒介」也是其中之一！

（本文作者為知名棒球評論人、運動作家）

推薦序

用運動點亮SDGs的每一道光！

葉丙成

當祖安告訴我，她正在寫一本談論運動與聯合國永續發展目標（SDGs）之間深刻連結的書時，我的第一個反應是：「哇，這實在太酷了！」祖安過去長期任職於智威湯遜、奧美、李奧貝納等全球頂尖廣告公司，無論創意能力或執行力都是業界公認的一流專業人士。然而，祖安的熱情從來不只停留在職業生涯的高度上，她對體育運動的熱愛，最終驅使她放下令人稱羨的廣告事業，選擇踏入全新的領域。她毅然報考臺大運動設施與健康管理研究所，並順利完成碩士學業。

祖安的先生盧建彰導演是我的好友，他們的女兒盧願更是從小就在濃郁的運動氣氛中成長，一家人都是超級熱血的運動迷。因此，當祖安將她對運動的熱情、深厚的廣告傳播專業以及運動健康的專業知識，全部融入這本新作《運動助攻永續力》時，我就知道這一定會是一本非比尋常的著作。

真正讓我驚艷的是，祖安在書中不僅談論運動與環境保護的連結，也不僅探討運動如何提升個人與社會的健康與福祉，更是將聯合國十七項永續發展目標SDGs的每一項，全部都用運動連接起來。這個工作本身就極具挑戰性，因為聯合國SDGs涵蓋範圍極廣，從消除貧窮、氣候行動、教育平權到經濟成長，每一項都是複雜的議題，要找到運動與這些目標的交集並清楚呈現，絕非易事，而祖安竟然能逐一切入，不僅有理論架構，更配合大量實際案例，讓每個議題都能具體落地。

為了完成這本著作，祖安投入大量的時間和心力進行紮實的田野調查與訪談，她深入接觸許多在台灣默默耕耘、推動永續發展的組織與個人，透過她清晰而動人的文字，讀者才能認識到台灣各地有多少人在為社會、環境與經濟的永續努力著。他們的故事充滿啟發性，也充滿感動，讓人深刻感受到，原來我們的社會已經有許多人和組織，正在默默地為更好的明天，做出實際而且有力量的改變。

祖安並未停留於理念的宣導，她更在書中提供實踐的路徑。如果企業與財團想在ESG（環境、社會、治理）議題上有所作為，若想為台灣的永續貢獻更多力量，本書便是一份絕佳的實踐指南。書中列舉的各種實際案例，清楚地告訴我們，如何將企業的資源、創意與社會公益結合，透過運動這個平台，有效達到ESG目標，並進一步帶動企業的形象提升、員工的向心力增強，以及整個產業的良性循環。

更棒的是，這本書提供了一張完整的合作地圖，讓熱心永續、想要推動ESG

的企業與財團，知道可以跟哪些熱血的組織合作，讓資源更有效地用在真正有需要的地方，透過運動建立長期且具影響力的改變。

閱讀《運動助攻永續力》，你會深刻感受到祖安獨特的視野與熱情，也能從她精準的分析與動人的故事裡，獲得以下幾個關鍵的收穫：

首先，你會明白原來運動不只是提升健康、強化體魄的工具，它更是一個推動社會進步與永續發展的重要媒介。其次，透過豐富多元的案例，你會看見從企業到個人，都能透過運動找到自己的位置，具體貢獻於聯合國ＳＤＧｓ每一項目標。最後，這本書能真正啟發你的行動力，無論你是企業主、社會組織的一員，還是純粹喜愛運動的個人，都能從中找到如何將熱情轉化為實踐、將理念化為現實的方法。

我誠心推薦這本書給每一位關心ＥＳＧ議題、關心聯合國ＳＤＧｓ目標，以及熱愛運動、希望看見台灣更好未來的朋友們。透過這本著作，讓我們真正看見運動與永續發展的強大結合力量，也讓我們相信，台灣的未來，可以在我們每個人的行動下，成為真正的永續冠軍！

（本文作者為教育部政務次長）

推薦序

運動不僅助攻永續，還能助攻第二人生

謝文憲

從東京參與十二強賽事，帶著激情與榮耀返回台北，四個月後看到祖安的書稿，一切是如此真實，卻又像作夢般地迴盪在我腦中。

二〇一三年初，我剛過四十四歲生日，正式進入人生下半場第五年，我的人生只剩課程、演講，以及出過三本書後，出版社冠給我的過譽虛名「暢銷作家」。

我看似過得很好，但我不想要人生下半場只剩工作。

那一年因為電影《志氣》，我協助電影行銷公司錄了一段推薦影片，意外變成當年春節電視廣告循環播放的素材，此後十二年，我跟著由景美、臺師大成員所組成的台灣女子拔河國家隊（嚴格說起來是男女國家隊），遠征瑞典、徐州、瑞士參加三屆世界杯室內、室外錦標賽與公開賽事，更見證我國奪下超過十六面金牌的重大歷程。

也因為當年開始主持廣播節目，在節目中陸續訪問了景美、臺師大國家隊總教練郭昇以及部分成員，我不僅成為景美拔河隊的最佳啦啦隊長，也成為郭昇在二〇一八年意外受傷後的民間力量整合者，募款、演講、上書總統、約王建民探視等，都有我的身影。

同年在電台採訪本書所提身障棒壘球協會的潘瑋杰理事長及主要成員，也參與了紀錄片《出口：夢想肢戰》的發行與募資，更讓我無法置信的是，爾後十年間，我竟然隨同身障棒球隊三度遠赴日本但馬、大阪、名古屋參加世界杯身障棒球賽，每一年的出口杯也都有我現場參與和支持的身影。

二〇一三、一四年間陸續展開，長達十年，我以為自己的身分就僅止於啦啦隊長，沒想到這些只是小菜，真正人生下半場的大餐才要上菜，但光是小菜就讓我的人生璀璨無比，或許您以為的永續是企業或政府議題，其實個人才真正適用。

二〇二〇年，柏君與曾公約我在台北八德路三段的伯朗咖啡商談，兩位邀請我擔任台灣運動好事協會理事長的工作，這項不在我人生規劃的職務突然出現在眼前，我故作鎮定說要考慮幾天，其實心中現場就答應了這個邀請，內心的聲音是：「二〇二〇年初，剛過五十一歲生日的我，前一年才確診罹患癌症的我，被疫情打亂生活的我，能有什麼不同？把自己放在哪裡才能發揮最大價值？」

接任理事長這五年，我本來也以為自己的工作僅是開會、蓋章、募款等，沒有想到收穫最多的人竟然是我。我過去支持的身障棒球、女子拔河是運動平權，我原本認為運動好事協會也是運動平權推廣，沒有想到在柏君的帶領下，我們走上了運動外交、弱勢扶助、兒少培力等道路，祖安書中所寫的內容，都是我們正在做的（援助弱勢運動內衣、北投國中女壘隊、英語教育等），柏君從獲獎無數的個人，經過這五年，我們協會成為獲獎無數的NGO，獲獎不僅是肯定，而是一種永續價值的彰顯。

「很多人看到了才相信，我們都是相信會看到」，我比任何人都清楚其中的苦楚，尤其我都親自參與，但就像古語所言：「人生三不朽，立德、立功、立言」，環境、社會、治理都要能思考永續、不朽，那個人呢？

從我的生命歷程來看，「運動不僅助攻永續，也助攻了我個人的第二曲線與第二人生」，而這些都不是一蹴可及，都必須透過親力親為的參與，如果您問我：「運動助攻個人永續的實際建議方法為何？」

我的回答是：「借力使力，挑一項您有意願的事先去做。」

我已經連續兩年協助書中所談，由曾荃鈺創立的「運動員生涯規劃發展協會」主辦的「運動員生涯教育學院」計畫，免費協助運動員做口說、演講的訓練，我希望自己的職場專長，也能讓台灣運動領域因為有我，達標永續，助攻下一面金牌。

我也期待在運動助攻的路上，看見您。

（本文作者為企業講師、職場作家，社團法人台灣運動好事協會理事長）

推薦序

跑向永續，用運動助攻美好的台灣

楊斯棓

ESG與SDGs已不再是高掛雲端的術語，而是全體公民與企業必須正視的時代命題。如今，它們早已不只是新聞版面上的熱門關鍵字，更成為台灣小學生的基礎常識，體現了全球對永續的集體關注與行動力。

在這個轉折點上，我們都在尋找實踐永續發展的具體路徑，而這條路徑，既需要創新思維，也需踏實行動。此時此刻，祖安的《運動助攻永續力》如一道曙光，為我們揭示了一個令人意想不到，卻極具潛力的解方。

這不僅是一句響亮的口號，更是對當代價值的深刻回應。正如祖安的「翁婿」盧建彰導演（後稱Kurt）在《把好事說成好故事》中所言：「社會關心你這品牌，是因為你這品牌關心社會。」

《運動助攻永續力》的格局宏大，視野清晰，更難能可貴的是，它充滿了實際可行的行動方案。作者巧妙地以ESG的三大支柱——環境（Environment）、社會（Social）、治理（Governance）為經緯，將聯合國倡議的十七項永續發展目標（SDGs）有機地交織其中。

除了闡述運動如何促進健康與福祉（SDG3），更透過一系列國內外案例，生動展示了運動在其他看似遙遠的永續領域中所扮演的關鍵角色：從保護淨水與衛生並永續海洋與保育（SDG6、14）、推動可負擔的永續能源（SDG7）、氣候行動（SDG13）、保育陸域生態（SDG15），到消除貧窮（SDG1）、終結飢餓（SDG2）、推動優質教育（SDG4）、倡導性別平等（SDG5）、消弭不平等（SDG10），乃至於在治理與經濟層面推動就業與經濟成長（SDG8）、永續工業與基礎建設（SDG9）、永續城鄉（SDG11）、責任消費與生產（SDG12）、制度的正義與和平（SDG16），以及永續發展夥伴關係（SDG17）。

每個案例都閃耀著「實務上踏實，想法上跳躍」的智慧火花，證明運動絕非只是體力的展演，而是一種潛力無窮的永續催化劑。

在少子化、高齡化與社會對立日益加劇的台灣社會中，作者提出一個令人深思的觀點：「運動是比晶片CP值更高的投資，永不退流行的護國神山。」這番話鏗鏘有力，令人印象深刻。

運動的意義早已不僅止於強身健體。在觀賞國際賽事時，當全場喊出：「誰的主場？Team Taiwan！我們是誰？Team Taiwan！」那份跨越黨派、凝聚全民的向心力，不僅令人熱血沸騰，也展現了運動作為社會整合力量的潛能。書中也提到，世界頂尖企業的領導者，許多都有校隊運動員的背景——因為運動在鍛鍊意志、培養團隊精神與領導力上，確實具備無可取代的價值。

我也想到黃昭堂博士曾在演講中分享的一段故事：他曾以身為台南一中畢業生自豪，但在得知長榮中學橄欖球隊憑藉團隊精神打破建國中學十九連勝的紀錄後，深受感動。一九六六年二月六日，長榮中學在全省橄欖球錦標賽中，以六比〇擊敗建中，終止其二十連勝。這不只是比賽的勝負，更體現了運動背後強韌的永續力量，激發出一代人堅持到底的信念與鬥志。

推動永續發展，像是一場極地馬拉松。它不需要爆發力，而需要的是持續的耐力與信念。Kurt在《跑在去死的路上，我們真的活著嗎？》中寫道：「跑步沒有掌聲，只有腳步聲。」這句話，也深刻道出永續實踐的真諦：多數行動發生在沒有聚光燈的角落，仰賴默默耕耘者的堅持。《運動助攻永續力》中所蒐集的案例，正是這些「腳步聲」的最佳寫照。

這也讓我想起診間的一幕：詢問病人是否有運動習慣時，總有人羞赧地回答：「有啦，掃地也算吧？」掃地是勞動，卻未必是運動。舉例慢跑，病人就容易理解——

它不是家務，而是一種身心鍛鍊的過程。跑者會在奔跑中調整呼吸、覺察身體節奏，與自己對話。永續發展亦然：它需要不斷反思、調整與內化。

當我們透過運動，重新與土地、社群與世界連結，就會更能體會那句智慧：「跑慢一點，讓靈魂追得上。」唯有讓身心靈取得平衡，經濟、社會與環境三者，才可能共生共榮。而這些在運動與永續路上看似艱辛的付出，終將如暗夜中奔跑的跑者——「你在暗處的所為，會為你迎來生命的光明」。

然而，若我們選擇對當前的危機視而不見，後果將不堪設想。Kurt在《空鳥》中透過一個個令人心碎的故事，揭示環境污染的殘酷現實，並留下沉重的詰問：「任何世上的問題都會得到重視，只要它變成你的問題時。」

永續不再只是學術名詞。極端氣候、資源枯竭、社會失衡早已滲入我們的日常。如果繼續袖手旁觀，正如《空鳥》所警告的：「我們都被綁架了。」當運動員無法自由呼吸、當比賽場館被洪水淹沒、當弱勢兒童失去運動的機會，這些就不再只是新聞，而是我們每個人共同的處境。

運動鼓勵我們擁抱自然，也提醒我們必須守護這片能夠自由活動與呼吸的土地。唯有積極行動，捍衛「我們值得更好的天空」，運動所帶來的健康、快樂與自由，才能真正得以延續。

《運動助攻永續力》不僅是一份藍圖，也是一連串真實行動的紀錄。書中呈現的每一個故事，都是「把好事說成好故事」的最佳典範。作者以清晰的邏輯、流暢的筆觸，與對運動與永續的深刻理解，讓讀者如臨其境，看見運動所能激盪出的多重可能。這正呼應Kurt的那句話：「把ESG做好，把故事講好。除此之外，都是在混。」

這本書，不只是一本強調「做好事」的行動書，更是一部善於「說好故事」的傳播力作，兼具知識性、啟發性與行動力。

運動，點燃永續之光

《運動助攻永續力》是一道獻給這個時代的暖陽。它為台灣的永續發展注入來自運動場域的創新活水，引領我們重新思考運動的多元價值。運動，不只是休閒活動，它有潛力成為教育的核心、社會共融的橋樑、地方經濟的動能，更是環境保育與和平倡議的重要力量。

閱讀本書，如同參與一場場心靈深處的對話。我們每個人，都能成為他人永續路上的「有力夥伴」。無論是親身參與運動、支持社會共好的組織與企業，或是關注相關政策與制度，我們都可以找到自己的著力點。

讓我們一起響應作者的熱情呼籲，穿上跑鞋，從此刻起——用運動助攻台灣永續力，打造一個健康、公平、共融、生生不息的Team Taiwan！跑向更永續、更美好的未來！

（本文作者為《人生路引》作者、方寸管顧首席顧問、家醫科醫師）

推薦序

這書真有創意！

盧建彰

我的守備範圍一直是環境永續。

人是環境的一份子，人要是崩壞了，環境絕對會受影響，並讓其中生存的生物包含人類承受痛苦。

有意思的是，那麼，如何去說服人類不要把環境弄糟呢？這裡所說的環境，當然包含人，你對待人的方式，成了別人所生活面對的環境，你，就是別人所處的環境。

這是我這十年來的題目，一直在解，沒有解出來，始終在路上，只有經過更多的風景，甚至，是苦楚。有時會想哭，尤其想到我的好友齊柏林，他那麼努力，有事先走了，而問題還在。

換個思考方式好了。

什麼樣的人最在乎環境呢？

答案很容易跳出，有孩子的人。

因為你的孩子會活得比你還久，你會開始擔心留下爛攤子，你會試著改變一點點，試著讓糟糕的事不要太糟糕，你不會活得太我倆沒有明天，你會知道明天會來，雖然孩子的明天未必有你，但你會盡一切努力讓孩子有明天，最好還有後天。

還有嗎？

在創意產業裡的我，習慣問，還有嗎？還有其他可能的解嗎？

運動！

運動帶來健康。
運動是最講究公平正義的活動。
參與運動常常讓人化解歧見，看向同個方向，為相同目標加油。
運動員是最迷人的生物。

我們都喜歡運動員，甚至會鼓勵人要有運動家精神。
在追求更高更快更遠的同時，你可以清楚感受到，那是一個高度尊重個體自由權利的場域，人們在其中認同每個人都是平等的，不使詭計，不要作弊，不只要拿出你最美好的一面，更在失敗後擦淚爬起，勝利後歡笑扶持，還有PEACE, LOVE, EMPATHY。

就算你不是運動員，我們都會說希望你要有運動家精神。
還有，運動最重要的是身體，而關注身體的被良善對待，絕對跟永續同個方向。
我有一回讀到新聞，韓國職棒因為嚴重的霧霾而取消幾場比賽，有的人會以為是比賽時將看不到球，但更重要的原因是，運動員靠的是身體在比賽，若在霧霾中出賽，暴露在高度的健康風險中，影響十分深遠，於是只好寧可造成賽程大亂也要臨時取消比賽。

要知道培養一位運動員要花上十多年的心血，還有許多美好的宇宙間巧合才能造就。但如此難得的身體若遭到破壞，該是多大的損失？這樣說好了，工廠的機台是生財工具，而運動員的身體也是他們的生財工具，機台壞了可以換零件，但運動員的心肺壞了，能隨意更換零件嗎？有像他原來那麼好的零件嗎？

因此，韓國政府向中國政府提出抗議，請他們改善他們造成的空汙，因為已經嚴重影響到韓國的日常了。而這也因此躍上國際新聞版面，讓環境永續議題難得的被人們關注。

這是一個精彩的例子，用運動助攻永續力。

人們喜歡觀看比賽，感受到比賽的未知刺激，全家一起觀賞更能從場上學習到人類最好的德行，運動員的專注和完全投入，更值得我們拿來生命裡借鏡，場上隨機應變、場下刻苦自律，都是人類可能的最佳典範。那麼，弄壞了運動員，誰要賠？

誰賠得起？

更進一步說，運動員的身體相較於一般人來得健康強壯，那運動員都可能受害了，更何況我們一般人呢？

像這樣的說理，非常容易理解，也很容易有共感，是我認為拿來溝通永續的極佳案例。

但，我只有想到這。

陳祖安小姐比我有創意多了！

她想到拿ＳＤＧｓ的永續發展目標，一個一個去對應，一個一個去找尋我們社會上正在努力的組織團體個人，並且往下延伸，讓運動可以更直接有力的幫助企業永續目標達成。

我第一次聽到她的計畫時，興奮極了！接著，又覺得實在很困難，因為有那麼多個目標，光想到要去對應就累了，更別說要針對不同的領域翹楚一一邀訪，這執行難度，不只高，是太高！

她竟然就這樣給它完成了。

害我哭哭。

我哭的是，常常她去訪談後回來轉述其中的片段，我就在餐桌上掬淚了，台灣怎麼有那麼好的人去修步道、帶平常根本足不出戶的身心障礙孩子接觸海洋活動、陪伴女孩們學英文好增加自信在球場上展露實力，我又驚又喜，覺得台灣很小，但也好大，幅員小、心胸大。

我聽的故事，應該只有這書的二十分之一，但已經夠我有力氣面對明天了，剩下的，期待更多企業可以深度參與，你只要挑其中幾項來做，保證你在接下來的幾十年都做不完，而且過程裡，名利雙收，企業好感度破表，品牌知名度爆棚。

對，容我直接說，在現今所有商品資訊都已高度容易被搜尋的狀態下（試想你現在要買個小家電，難道你不是先上網搜尋資訊比較嗎？）ESG絕對是當代最好的品牌行銷，其他的很可能是互相欺騙。

把SDGs做好，你就會被消費者喜歡，你的商品在同質化高的時代，才有機會被選擇。

因為人們投票，用鈔票投下贊成票，因為你平常做的好事，讓他在做消費決策時選擇你，選擇和你站在一起，因為你和他們的世界永續站在一起。

我是個沒用的家累，但我非常興奮可以旁觀這本好書將為台灣創造許多好事，拜託大家多多分享，畢竟，好事需要好人成就。

我們都很好，一定可以更好。

PEACE, LOVE, EMPATHY.

（本文作者為導演、作家）

自序　台灣隊還是中華隊，都是我們最愛的國家代表隊

撰寫這本書期間，陪伴我度過的背景音樂，是一路從二〇二三年WBC世界棒球經典賽、二〇二四年世界十二強棒球賽，唱到二〇二五年WBCQ世界棒球經典賽資格賽的〈台灣尚勇〉，中間還穿插了二〇二四年整個暑假，在巴黎奧運飄盪的〈國旗歌〉（其實是〈中華台北奧會會歌〉）。

這段時間，台灣經歷了疫情的持續，還有食安風暴、花蓮強震、凱米加三大秋颱等天災人禍。最能激勵安慰人心的，是運動。

這段時間，台灣經歷了總統大選，立法院亂象，三位現、前任市長陷入官司，以及正在進行的全台大罷免，還有來自中國從未停止過的文攻武嚇。最能創造凝聚共識的，是運動。

巴黎奧運從賽場到觀眾席，都能看到台灣外交處境的艱難，但是林郁婷與麟洋配，硬是為我們拿下了意義重大的金牌，用實力替國人出一口氣。當他們站上頒獎

台，即使螢幕畫面上出現的不是台灣的國名、國旗與國歌，聽到現場大合唱、那一句句我個人不是那麼認同的「山川壯麗、物產豐隆……」，還是忍不住感動大哭。

國球棒球，在國際賽事中，從WBC「國防部長」張育成，交棒到P12「台灣隊長」陳傑憲，再傳承到WBCQ的火球小將們，國家代表隊讓我們體驗了失敗的懊悔，也得到終嚐冠軍的甜美。對我來說，最美好的記憶，不是P12奪冠的瞬間，而是陳傑憲在胸口比出隱形Taiwan字樣的那一刻。

相信很多人跟我一樣，或許會因不同的意識形態，而用不同名詞稱呼我們的國家代表隊，但是不管台灣隊還是中華隊，我們都用愛全力加油；無論是〈台灣尚勇〉還是〈國旗歌〉，我們都樂意一起唱和。

運動當前，人民就會團結。

撰寫這本書期間，立法院正經歷前所未有的對立，而少數能取得不同黨籍立委一致認同、順利三讀通過的法案，就是與成立「運動部」有關的七個組織法案，更是證明了我的理論。

我是一個無可救藥的運動迷，深信世界會因運動而永續，因為當人心在一起，還有什麼目標是無法達成的呢？

前言

世界變化越來越快，人類進步的速度似乎跟不上地球惡化的程度，許多曾是遠在天邊的議題早已迫在眉睫，像是暖化、空污、少子化，更別提橫空出世影響全球的世紀疫情。二〇一五年聯合國頒布ＳＤＧｓ永續發展目標，就是希望指引世界各國制定計劃，並確實執行幫助地球永續。台灣政府近年也努力實行永續相關政策，並推動ＳＤＧｓ教育，讓每個人都能在生活中落實，而影響大環境發展的ＥＳＧ企業永續發展指標，更早已是公司組織營運的顯學。但是談論到永續，人們多半只會聯想到環保議題，不是種樹淨灘就是節能減碳。

世界要能永續，保護好環境還不夠，社會貧富差距過大、產業發展失衡或是國內政局動盪、國際戰爭不斷等問題，都會加速人類走向滅亡。因此ＳＤＧｓ共有十七項目標，期望解決包含環境、社會、經濟、國家治理等多面向議題，世界永續，企業也才得以永續，所以這些目標也可做為公司組織擬定ＥＳＧ方針的基礎。因此本書以ESG三大面向為架構，將十七項目標進行分類：

與Environment環境相關的目標，包含⑥淨水與衛生、⑦可負擔的永續能源、⑬氣候行動、⑭海洋與⑮陸域生態。

與Social社會相關的目標，包含①消除貧窮、②終結飢餓、③健康與福祉、④優質教育、⑤性別平等與⑩消弭不平等。

與Governance治理相關的目標，包含⑧就業與經濟成長、⑨永續工業與基礎建設、⑪永續城鄉、⑫責任消費與生產、⑯制度的正義與和平、⑰永續發展夥伴關係，此面向雖指國家層級的治理，但放入組織治理也具有參考價值。

幫助SDGs、ESG達標，我認為運動是絕佳的媒介。運動能帶來身心健康，直接助攻目標③健康與福祉；④優質教育能從重視體育著手。國際賽事與職業運動創造的產值及多元職缺，可以幫到多項社會經濟目標，如①消除貧窮、②終結飢餓、⑧就業及經濟成長、⑫責任消費及生產，也能促進國內的⑨永續工業與基礎建設、⑪永續城鄉，還有國際間的⑰永續發展夥伴關係。女性和身心障礙者，若享有運動平權，就是在實踐⑤性別平等與⑩消弭不平等。運動組織因應運動推廣與賽事所建立的制度，能創造⑯制度的正義與和平；和環境議題有關的⑥淨水與衛生、⑦可負擔的永續能源、⑬氣候行動、⑭永續海洋與保育、⑮陸域生態目標，都能在運動參與和舉行賽事中落實，或是透過運動員健康的形象與影響力去倡議。

世界前五百大企業CEO，學生時期幾乎都有運動校隊經歷，運動可以強身健體，增加自律、抗壓、團隊合作、領導等多項能力，運動就是這麼一魚多吃的好東西。企業推動一項以運動為核心的計劃，就可能達到多個ESG目標，同時改善環境、社會各面向的問題，又能提升企業形象、增進員工向心力等治理績效，進而帶動整體產業永續發展，利他又益己。

世界上的強國都是體育大國，運動促進社會、經濟、環境永續，自然能強大國力，所以我認為運動對台灣有益。國家重視體育是比晶片CP值更高的投資，永不退流行的護國神山。運動有助國人身心健康，觀賞運動賽事又會凝聚人心，不管什麼顏色，能讓全國團結的只有國家代表隊了。運動產業比任何產業的進入門檻都低，人人皆可參與，大人進健身房，小孩學體育才藝，運動迷可以打開電視、網路、買票進場看職業賽事，買彩券增加體育推廣經費，任何人都能做對自己有利又有助產業蓬勃發展的事。特別是若有職業運動帶頭，創造出更高的產值，更多企業願意贊助投資，專業運動員的未來就有出路，帶動基層運動參與風氣，人才就會更多，再循環回來壯大整體環境。

運動讓個人變好、家庭和睦、國家團結、世界和平，根本就是可以修身、齊家、治國、平天下。許多個人、NPO、NGO、企業與公部門也發現了運動好處多多，透過運動做了許多實踐永續目標的事。因此我藉此書將這些國內外案例分享給讀者，若是想為永續進一份心力，可以參考這些做法、促成更多合作，或是多參與、贊助、分享、支持這些政策、活動計畫與組織企業，一起用運動助攻台灣永續力，打造永續冠軍Team Taiwan！

第一篇
Environment 環境
運動助攻地球健康

1

SDG⑥淨水與衛生
多喝水多運動，環境多蓬勃

可愛單車社

「不運動的運動迷」，我常這樣介紹自己，熱愛觀看運動賽事，但是討厭從事運動。舉凡跑步、健身、爬山、各種球類運動都深惡痛絕。

不過有一項運動較讓我接受，是源自家庭與工作因素而逐漸累積的喜好。剛結婚時還沒有小孩，只有一隻狗女兒，卻早早過著有孩子的生活。當時外甥女為學習中文自美返台讀小學，平日由我的父母照顧，假日歸我代理，讓外公外婆放假。我和先生這對偽父母，放假會帶著假女兒四處遊山玩水，當年正值自行車熱潮，從家騎單車到河濱公園，先陪狗女兒在寵物公園玩樂，再騎過橋到大直吃碗豆花配鹹酥雞，成了我們家的老狗行程。後來時不時有好友加入同行，為了讓成員有歸屬感，我們就以「可愛單車社」為名，由可愛的狗女兒與假女兒擔任聯合社長，持續快樂的自行車之旅。

由於全台都在瘋騎單車，我任職的廣告公司要為某品牌推出的休旅車做上市廣告，希望鎖定家庭族群，做支演繹4＋2（汽車四輪加自行車兩輪）樂趣的影片，為了想腳本，我向客戶借了車，實地體驗4＋2生活。於是可愛單車社從河濱公園升等到全台騎透透，最後雖然改變策略拍了一支與4＋2無關的廣告影片，真實人生倒是過足4＋2的癮。不過隨著我們搬離臨近河濱的住所，新家空間有限，腳踏車最後被送回台南老家生灰塵，可愛單車社就解散了。

外甥女回美國後，真女兒無縫接軌來到我們家，台灣已是U-bike廣設各地的景況，想騎車隨時能成行，全台各地的自行車道也四處開通，我們住家附近就有一條水岸自行車道，平日可以說騎就騎，而假日不管玩到哪裡，都能排個單車行程，連回台南老家時，也不必把洩氣的車胎充飽，即可暢遊安平堤頂自行車道，可愛單車社2.0不知不覺成功復社。

我這麼不愛運動的人，為什麼能對這項運動樂此不疲呢？仔細想想，我只喜歡騎坡度很少的親水自行車道，安全、不費力且有心曠神怡的美景，因此全台灣的河岸、海濱、水庫，幾乎都有我們家的「胎跡」，若要騎公路、山路、在健身房踩飛輪，或是挑戰賽事，我可是一點動力也沒有。嚴格說來我不是真愛單車運動，而是喜歡這個休閒活動，在水岸騎車就像是不會弄濕的「水上運動」，比游泳便利又好玩許多。

還有很大原因在於這是全家一起做的運動，雖說跑步、爬山、打球也可以，但是騎單車最不累且更似旅行，運動過程景緻不停變化完全不無聊，而且隨時可以停下來休息，欣賞風景之餘，還能來個生態教育。水中魚類豐富、河畔常有鳥類棲息、沿岸還有各式植物，女兒最喜歡觀察鳥群，白鷺鷥、夜鷺、黃頭鷺、小水鴨、綠頭鴨……認識的種類比我還多。遇到認不得的動植物，我們就會拍照起來估狗，許多車道旁也都製作了生態解說牌，每到一個地方，都能在上體育課的同時，和女兒一起補上自然課。越了解生態越會想要保護大自然，節約用水、不污染水源的永續意識，是自然而然的深植腦海，女兒每次看到水裡有垃圾就會很生氣，發現水庫見底也會很擔憂，提醒我洗手時不要浪費水，還有每次在搶水壺最後一滴水喝時，更是特別珍視水資源（以及更有動力快步騎向最近一處超商所在地）。

騎自行車能運動又可以做環教，為了自己與地球的健康，不運動的運動迷，立志要成為可愛單車社的終身會員。

淨水與衛生目標：確保所有人都能享有淨水、衛生設施並進行永續管理。

二〇五〇年，全球約有半數以上人口，將生活在嚴重缺水地區，不只缺使用水，還會缺乏安全的飲用水，是攸關人類存亡的重大議題。水資源除了維生所需，亦是發展經濟的重要天然資源，水可供灌溉、發電、養殖等用途。因此不是只有貧困低建設、氣候乾旱的未開發國家，將面臨水資源短缺危機，農業與工業用水密集的國家，對水的需求其實也已遠超過水資源能負荷的程度，像是台灣引以為傲的護國神山半導體業，就需耗費巨量的超純水。台灣雖然雨量豐沛，但隨著氣候變遷，數年無颱風、數月無下雨的情況也時有所見，我們已不再得天獨厚，正視水資源短缺問題實在刻不容緩。

治水管理需要國家做政策規劃執行，節約用水、不污染水的來源，是民眾在日常生活就可以做的事，下意識的做是最理想的狀態，時常親近濕地、河川、湖泊等維持水資源的生態系統，對其重要性有充分的了解，愛它自然就會想要保護它。運動需喝水，戶外運動更需補充大量水分，從事親水的戶外運動，從運動理解水的重要，應該是個好方法。

水上運動最能自然融入海洋環境教育，親水的戶外運動，則是最適合結合與水資源有關的生態教育，譬如環水庫而跑的馬拉松賽事，多是由水利單位主協辦，能將水資源相關訊息放進賽事中，包含歷史最悠久的曾文水庫馬拉松、享譽國際的日月潭環湖馬拉松，以及石門水庫楓半馬等等。台灣四面環海，大小河川密集，加上水圳建設，全島自行車道滿布在海濱、河岸、水庫邊，透過單車運動做營隊、觀光導覽、賽事等活動來認識河川、進行生態保育環境教育，更是寓教於樂。許多河川匯流的城市也都會在河濱建造運動公園，置身在美麗的湖光水景裡運動，自然會想守護這些美好。

運動甚至可以直接幫助水資源存續，台北的大安森林公園有一個「活水飛輪」區，在湖畔有二十台固定式腳踏車，只要踩踏就能轉化成動能，達到水中給氧功能，帶動整座森林的水循環。每台車都有QR code連結至「台北健森房」官網，使用者可以立刻看到自己活化的水量，還能參加遊戲競賽，增加繼續踩踏動力；幾分鐘下來，完全不輸去健身房踩飛輪的運動量。根據台北健森房官網統計，二〇一八年開放後至二〇二四年已累積十二萬餘人次使用，活化了近一億五千升、相當於八十座泳池的水量。

無論是經運動認識生態進而愛護大自然，或是開發兼具運動以利水資源永續的裝置，透過運動達成「淨水與衛生」目標，促進自我健康又能保護環境健康，做個有水準的地球公民，尚水！

美好騎遇記——臺北市工程局水利工程處「環騎臺北」

台灣四面環海，首都台北市卻為無鄰海的盆地，但是透過淡水河的連繫，市內有四條主要河川通過，並有五條山脈延伸，仍是一座依山傍水的水岸都市。台北市自二〇〇二年開始布建河濱自行車道，而後又推行「活化淡水河岸」政策，整治河川與周邊環境，打造出一條美麗的藍色公路。二〇一二年再規劃台北市自行車環狀線，串連河濱及市區自行車道，完成全長一百一十二公里的河濱自行車道環騎路網。教育局也於二〇〇八年開始推動淡水河系藍色公路校外教學路線，包含航行河濱自行車道，參訪自來水園區、大稻埕碼頭、內溝溪生態展示館、關渡自然公園、翡翠水庫等公共建設，鼓勵學校結合教學課程，幫助學生認識淡水河流域文化，讓台北市河域成為一所自然生態學院。

為了推動自行車環狀線使用率，工務局水利處於二〇二二年籌辦名為「環騎臺北」的河濱自行車挑戰認證，透過完成每個月不同的任務，以認證榮譽與實質獎勵，鼓勵民眾培養運動習慣，並認識河濱水岸之美。任務分成「挑戰騎」及「輕鬆騎」兩種方案，當月騎完「環騎臺北」路線一次，即完成挑戰騎任務；當月於台北市河濱公園自行車道範圍內，累計合格里程超過六

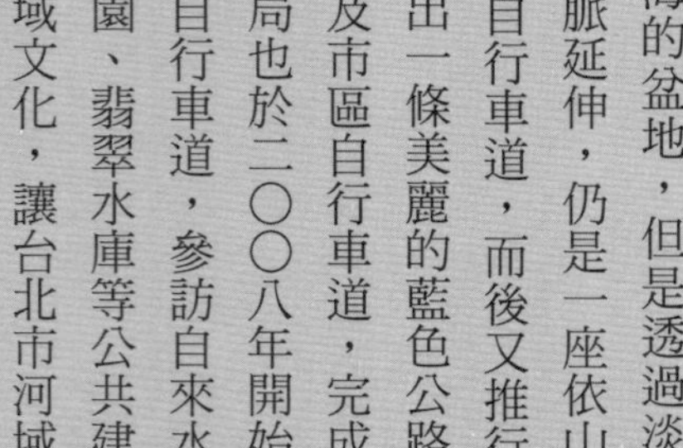

十六公里，則完成輕鬆騎任務，兩種方式都還能參加抽獎活動。另外，還有難度更高的神人級任務，以及英雄榜、禮品兌換等誘因，提升騎乘動力。這兩項任務至二〇二四年已累積超過三萬七千人次達標，合格里程達到四百二十萬公里，相當於繞行地球一百零五圈。

「環騎臺北」官網規劃了河濱六大特色路線，參與者可以依各自偏好選擇完成挑戰的路徑，以輕鬆騎為例，平均每個週末挑一個路線，每次花一到二個小時即可達標。每條路線都緊臨水岸，親水性不在話下，其中一條「生態環教」路線，最能達到水資源教育功效。路線界於萬華區淡水河畔的華江雁鴨自然公園，至淡水河與基隆河匯流處的關渡自然公園間，途經兩塊濕地、兩座自然公園、生態保護區及解說站點。華江雁鴨自然公園的沙洲濕地為候鳥棲息地，可觀賞到每年數以千計來此造訪的鳥類；位於淡水河側社六抽水站旁堤外的社六濕地，則可於延伸的木棧道，近距離看到萬歲大眼蟹、台灣泥蟹、彈塗魚等生物。

每週末開放的「社子島濕地解說小築」站點，站內有生態資訊與展覽，駐站志工會做濕地生態及人文介紹，以及提供飲用水補充、觀測望遠鏡，還有簡易單車維修工具，每個月也有不定期的免費講座、手作課程、說故事、

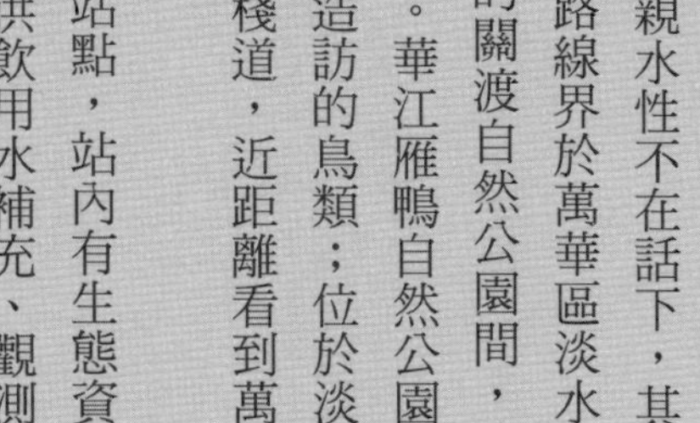

戶外觀察等環教體驗活動，就像是一間供車友休憩遊玩的生態教室。關渡自然公園為台北市僅存的濕地環境與候鳥棲地，兼具保育、教育、研究等功能，是更大型的學習空間。臨近的關渡碼頭在二〇二四年規劃一處貨櫃市集，有十多個異國料理攤位，在此可以邊享用美食邊觀覽河畔風光，或是在此搭乘每週末傍晚限定的遊河行程，在觀光船上欣賞夕陽美景。體力尚足的話，還可以續往淡水前進或是去北投泡溫泉，完成美好的一日遊。

水利處自二〇一三年開始舉辦河濱親子單車活動「小鴨慢騎」，挑選不同路線，規劃不同主題，讓十二歲以下的小朋友挑戰長距離騎乘單車。沿途備有飲水、點心補給，現場還有表演、闖關遊戲、手作體驗等活動，也會結合環保及河濱生態議題，讓親子一同觀察生態、增進環保意識，最後還可得到完騎認證與贈品獎勵，活動完全免費又充滿樂趣與親子互動，因此有不少還不會騎單車的幼童，都能靠著輔助輪甚至滑步車騎完全程。因應「環騎臺北挑戰認證」啟動，二〇二三年又再舉辦「環騎臺北大會師」，分為當日六十六公里挑戰騎及三十八公里輕鬆騎路線，並與小鴨慢騎活動合併，讓所有參與者「騎」聚一堂。

河濱自行車路線的主要站點皆能搭捷運抵達，附近多有停車場，沿線廣設U-bike，大站點也有腳踏車租借服務，還可以甲租乙還，十分便利，隨時隨地都可以來一趟單車自由行。在這個各大河濱公園組成的親水路網裡，不僅僅能騎著單車微旅行，也有各式各樣的戶外運動在水岸進行著，可以環河路跑，體驗SUP、獨木舟、龍舟等水上運動，還有棒、壘、籃、網、足等各種球類運動場，以及滑輪場、輪狀車練習場等運動區域。多親水多運動，為自己注入活力，也要保護活水的生命力，才能不斷地與大自然美好相遇。

永癒愛河，愛河永續——高雄市政府「還河於民」

巴黎奧運為了鐵人三項賽事，砸下了大筆經費整治塞納河，讓浪漫的塞納河增添活力風情。在台灣，也有一條可以舉行鐵人三項、貫穿都市的美麗河川，那就是高雄的愛河。二〇〇六年開辦的愛河國際鐵人三項賽事，游泳賽段在河內，跑步則沿河畔繞行，是全台唯一一場城市賽道。不只鐵人三項，歷經近半世紀的整治，如今愛河是一條可從事划船、輕艇、風帆、立槳、龍舟等各式水上運動，以及在河畔跑步、騎單車、戶外健身的親水運動場域。

愛河源頭在仁武區八卦村的草潭埤，於高雄港真愛碼頭與光榮碼頭間出海，全長僅約十六公里，但水系幾乎涵蓋全高雄，且有九〇%以上流域集中在高雄市內。自清領時期便是重要的水運通道，為居民生活與經濟活動的一部分。原本清澈見底、漁產豐饒，隨著都市化與工業發展的污染，逐漸變成一條髒臭大水溝，曾經有參與龍舟競賽的選手得包手包腳戴口罩比賽，使得賽事在一九七一年不得不遷移到蓮池潭。

一九七七年高雄市長王玉雲開始著手整治愛河，歷經數任市長，從污水下水道系統工程到廣設截流站攔截污水等做法，改善愛河水質。到了一九九八年謝長廷上任市長時，水質問題仍舊嚴重，因此進行了更大規模的整治，

並進一步推動愛河成為友善親水的環境，將其納入整體城市規劃，進行水道兩岸綠化與景觀改造。二〇〇三年，愛河居然出現了一隻迷途的海豚，顯見水質終有好轉。二〇〇五年陳其邁代理市長期間，由於愛河船隻受治平橋截流站水閘門管制無法往上行駛，他建構了「愛河之心——愛之船溯航計畫」，結合水陸、滯洪、生態濕地，將愛河整治與景觀營造推展到博愛路的愛河之心，向上溯闢外又往出海口連結，倡議打開高雄港，達成市港合一。而後接任的葉菊蘭市長，成功拆除了十三號碼頭圍牆，開啟港區轉型契機，並投入資源復育自然生態，增加河流的生物多樣性，以開闢綠色廊道產出優良用水。到陳菊市長任內，中下游整治已達一定水準，她接續建設真愛碼頭、光榮碼頭，結合愛河與高雄港區，打造具國際指標的亞洲新灣區。陳其邁二〇一八年就任高雄市長後，提出「還河於民」的願景，在河畔建設更多親水公園、綠地及休憩空間，並加強大眾運輸、自行車道規劃，讓周邊交通更為便捷，同時促進低碳生活。

為落實還河於民政策，市府在二〇二〇年起陸續開放部分水域供民眾從事水上運動，在愛河舊鐵橋至愛河之心總長五．七公里的河道，掃描QR Code實名登記後，即可自由選擇從愛河之心、願景橋、河東路、河西路、

愛河灣等五處浮動平臺下水，進行立槳、獨木舟、水上腳踏車、非動力風帆等活動。二〇二三年更啟用愛河灣非動力水域遊憩活動區，只要自備或至現場租用水上浮具，穿著符合規定的救生衣，實名登記後即可入水。不但讓市民可盡情從事親水休憩運動，更創造觀光價值與經濟效益，一條活水河川能為城市帶來各種發展，因此愛河沿岸全年有各式各樣的活動，經常由水利局、都發局、觀光局、教育局、運發局、環保局等跨局處合作。

然而高雄氣候炎熱，除雨季期上游缺乏天然水源，中下游段則受潮汐影響自淨能力欠佳，先天條件不良，需由所有人共同維護。因此高雄市府自二〇二〇年起，將污水下水道的基本知識，納入小學環境教育課程，傳遞正確水資源觀念，並時常在河畔實地舉行生態教育相關活動，也積極將原屬嫌惡設施的污水廠，改造成兼具民眾休憩與環保教育的多功能場所。

除了從教育、設施著手，既然愛河能進行如此多的親水運動，透過運動宣導水系環教再適合不過。鹽埕區的光榮國小，因緊鄰愛河畔，推廣水上運動近二十年，還擁有一座專屬碼頭。光榮國小是高雄市河海環境教育核心學校，每年承辦市民水上體驗活動，報名總是場場秒殺。二〇二三年，校方在愛河舉辦水上畢業典禮，讓畢業生駕著風帆、獨木舟從光榮碼頭啟程，最後在高雄流行音樂中心珊瑚礁群碼頭，領取具有光榮特色的領巾與航海小鐵人證書。學校獨有的特色，是傳遞河海知識最棒的媒介。

市府偶會舉辦自力環保造筏的水上活動，自然注入環境永續觀念，比方利用龍舟競賽的機會，另闢造筏賽區，讓學生、親子組隊參加，以回收廢棄物、竹竿等環保材質打造自己的龍舟參賽。二〇二四年高雄燈會，知名的黃色小鴨睽違十年再度進港，趁著全台瘋追鴨熱潮，環保造筏也同步登場。活動分為諾亞方舟組及馳風競艇組，諾亞方舟組由團隊自行選擇材料創意自力造筏，馳風競艇組則由大會提供造筏材料自行加工，兩組成果發表皆為六十公尺海上划行賽，諾亞方舟組以創意造形、速度及環保永續三項評分，馳風競艇組則以速度決勝負，為鼓勵報名，還提供諾亞方舟組每隊一萬元造筏材料費。遊燈會、追小鴨的民眾，行經活動現場都看得興味盎然，也吸引媒體大幅報導。相信高雄市府未來會有更多創意，繼續力行還河於民，讓這條愛之河能療癒人心，也能受到呵護健康得癒，成為美好的永續愛河。

淨水與衛生目標

↗目標6．1在二〇三〇年前，讓所有人都能普遍、公平地取得安全且可負擔的飲用水。

↗目標6．2在二〇三〇年前，讓所有人都享有充足與公平的衛生環境，消除露天便溺行為，特別關注弱勢族群及女性的需求。

↗目標6．3在二〇三〇年前，改善水質減少污染、消除垃圾傾倒、減少有毒化學品與材料的排放，以及將未經處理的廢水比例減半，並提高全球水資源的回收與再使用率。

↗目標6．4在二〇三〇年以前，大幅增加各產業的用水效率，確保可持續的淡水供應與回收，以解決水資源短缺問題，並減少缺水人口數。

↗目標6．5在二〇三〇年前，全面實施水資源綜合管理，包含跨境合作。

↗目標6．6在二〇三〇年前，保護和恢復與水相關的生態系統，包含山地、森林、濕地、河川、含水層與湖泊。

↗目標6.a在二〇三〇年前，擴大對開發中國家的水與衛生相關活動和計畫的能力與建設支持，包含集水、海水淡化、用水效率、廢水處理、回收與再利用技術。

↗目標6．b在二〇三〇年前，支持並強化地方社區的參與，以改善水與衛生的管理。

2 SDG⑦可負擔的永續能源
運動是最環保的再生能源

自己的電力自己發

地球暖化日益嚴峻，看到研究學者提出這句「每年夏天，都將是你餘生最涼的夏天」，心都涼了半截。夏天越來越熱，自認盡力環保的我，也實在很難做到不開冷氣，想消除良心不安，只能寄望綠能比例趕快提高，讓太陽能、風能、水力等自然生成的再生能源，可以取代高碳排的化石燃料發電。不過再生能源雖較為環保，也有成本高、受天候影響以致供電不穩、需較大空間、造成其他污染等等缺點，所以也只是個利大於弊的選擇。

人類就是什麼都想取之於大自然，為什麼電力不靠自己發？我家的避難包常備一種手搖式手電筒，不需電池，只要轉動把手數十次，燈就會亮。我曾想過如果像這樣靠人力發電，也許會是最環保的再生能源。然後就在二〇二四年元宵逛台北燈節時，看到臺北車站旁廣場的一座地球意象燈，旁邊連結幾台飛輪機，連續踩踏就能讓燈發亮，一旁還有充電線可以幫手機充電，與女兒輪流踩了一陣子，玩得不亦樂乎。查詢後才知道裝置不但有互動性、能發電，還有蓄電功能，這些儲下的電量可以供給市府的主燈「九小龍」燈組，讓它們「夜間出巡」時使用。

若有像這樣集結眾人之力蓄電的發明誕生，人力發電也許真有機會成為一種再生能源。現在已有廠商開發出運動發電的健身器材，如腳踏車、飛輪機、跑步機等，但皆僅止於為機器循環供電，尚無法儲電，如果這種「運電共生」的裝置能夠蓄電，並且普及全台每個角落，讓全民運動就能發電，那該有多好。我覺得U-bike電輔車最有機會，不只是讓騎乘更輕鬆，也許可以進階研發出儲電功能。

我也幻想著要是做重訓、跑步、打球、跳街舞都能夠發電，那就太棒了！在美夢成真之前，冷氣無法不開，但我可以盡量多走樓梯，少搭電梯，運動為自己儲備能量，也為地球節約能源。

可負擔的永續能源目標：確保所有人都能取得可負擔、可靠、可持續的現代能源。

生活中的食衣住行育樂都需要能源，開車要汽柴油、燒飯洗澡要瓦斯，這些還可以用電取代，所以若是沒有電，幾乎就是萬萬不能。然而煤、石油、天然氣這種非再生能源，並非取之不盡亦無法再利用，產電過程還會製造大量二氧化碳；低空污的核能，又有高輻射風險及核廢料存放難題，所以發展對環境衝擊影響較低的綠能，是每個國家的當務之急。台灣屬亞熱帶海島國家，夏季長、海岸風力強，最適合主攻太陽能及風力發電。

如何提高能源效率，選擇發展何種再生能源，擁抱核能或是非核家園，這些都是複雜的國家政策議題，不是小老百姓可以解決。個人力量雖有限，集結起來卻也可觀，每個人在生活中盡力做到節能減碳、選擇綠色商品都是好方法。此外，對節能減碳最有幫助的作為就是運動，多走路、騎單車、搭大眾交通工具，少騎摩托車、開車；多走樓梯，少搭電梯，既健康又環保。

運動不但節能還能發電，有越來越多運電共生的健身器材被開發出來，利用運動產生的動能，轉換成電力循環至機器再利用。在歐洲，還有風電公司研發出一種裝置，將巴黎地鐵入站的十字轉門，改造成小型風力發電葉片，讓人們通過時，就會像風一樣驅動發電，經測試實證後，六座裝置兩天下來，二萬七千人次就生產了超過二一〇〇瓦電量，未來如果將裝置部署在所有進站口，產生的電量足以為全線供電，連「無意識的運動」都可以造電，人力發電這種「可負擔的永續能源」，相信非常可能在未來發生。

步行善行，一起邊走邊發電——國泰人壽「步步攻億走」

人力發電尚未普及之前，人力助攻發電已然成真。發展再生能源不只是國家永續發展的主要策略之一，也是國泰集團所關注投入的方向，因此集團近年的ESG，很大重點放在綠能，包含發展低碳投資事業、推動綠色金融等等，還有目標做到「零碳營運」。金融商品製造的碳排雖較有形商品少，企業辦公營運據點仍會產生碳排，所以集團包含金控與五間子公司的總部，現在已經一〇〇%使用綠電。二〇二二年更當起綠房東，與經濟部共同推出「綠色租賃方案」，將統一採購的綠電分配給商辦大樓的承租戶，目標在二〇五〇年達到全球據點都做到淨零碳排。

二〇二二年適逢集團旗下人壽公司六十週年，希望能將公司的EPS戰略（Elder Friendly 友善高齡 × Protection First 保障優先 × Sustainability 永續實踐），結合集團ESG的氣候、健康、培力三大目標，用一個公益行動串連回饋社會，並期待不單只是企業的力量，而是能讓保戶共同關注參與。壽險與健康高度相關，因此選擇用運動為主軸，推出了「步步攻億走」計畫。活動是向全民集資，但民眾需要捐的不是錢，而是走路的步數。利用手機應用程式計算用戶步數，累積的步數會轉換為公益基金，由國壽投入實質資金

做公益。

原本資金只是用來支持公益團體，但團隊認為這樣的捐助固然有意義，卻只是一次性沒有永續性，因而改以個案為目標，且不是只滿足需求、解決問題，而是要有擴大循環的效果，才是真正的實踐永續。由於集團特別關注綠能，計畫開始至二〇二四年，公益基金所支持的單位，其中一項都與綠電相關，可說是只要一起走路就能發電，用運動創造再生能源。此外，為了幫助支持目標永續發展，就要為其創造循環經濟，要讓每一次的資助都能發揮最大的效益。國壽與資助目標簽訂合約，投入資金建置太陽能板，並保證向其購買二十年的綠電，但是這些電費收入，要有一定比例回饋地方，非以綠電為主的方案，也會思考其他的機制創造循環價值。

二〇二二年原設定目標兩百億步，活動開始不到二個月即累積三百八十六億步，公益基金所支持的單位一，是為澎湖望安鄉的離島國小——花嶼國小，於屋頂建置太陽能板，幫助長期供電不穩的學校自行發電，成為全台第一所近零耗能小學。支持單位二，則是與綠色冀泉社企合作，在花東偏鄉六十所小學推動「以樹養球聯盟」，種下降低碳排且具經濟價值的樹種，掉落的枝葉能製成商品銷售，部分收益再用於資助偏鄉小學足球隊，讓足球運動

發展與原生好樹的培育一同成長。

二〇二三年累積成長到五百四十億步，公益基金用在為屏東瑪家鄉建置光電，瑪家鄉是全台最小的原住民部落，位於屏東偏僻山區，其中還有八八風災受災戶移居至此，部落資源嚴重不足。所以電費收益是全部投入部落發展，由當地專業的社企組織，協助包含當地婦女就業、老人照護、學童教育、青農返鄉等事工。等於捐贈七百萬創造出了上千萬的效益，且是助社區自力更生永續發展。

二〇二四年再走到六百億步，繼續比照一舉數得的模式，支持單位一屏東香草園，香草是一種需長時間才會收成的作物，養育期成本大，但是溫室很大很適合建太陽能板。因此國壽與格園社企合作創造農電共生，且雇員有一定比例為身心障礙者，增加弱勢就業機會；電費收益還有一部分用於回饋給復育瀕危物種、發展校園生物多樣性的相關組織。支持單位二則是新北貢寮，繁榮的大台北地區，卻有一個角落連最基本的交通都很匱乏，於是國壽與國立臺灣海洋大學USR團隊合作做地方創生，利用共乘計畫解決學童就學、老人就醫等問題。並協助在地農產品開發，運用在地特色行銷商品，所得經費再變回當地的發展基金。

整個計畫是從小我到大我、以永續為出發思考，走路對自己好，也對社會好，最後對整個地球都好。無論是對內的員工及家人，對外的個人或企業客戶、合作供應商，都因為走路背後的健康公益目的，而有積極參與的動力，因此即使活動推出時正值疫情期間，仍年年達到目標步數。集團的壽險保戶、銀行客戶已經形成一個龐大的健康網絡，企業客戶也會和自己公司活動整合，提升員工的健康意識。集團內部競賽，即使沒有實質獎勵，只是一個表揚大會，以榮譽感創造的比賽氛圍，也引起了最棒的良性競爭，有的子公司有固定夜間團走活動，有些主管以身作則天天走路，或是自掏腰包祭出誘因鼓勵，讓運動保健康這件事變得好玩不痛苦，同仁間也更有向心力。最厲害的是總經理，天天達標不說，還曾經加碼一個小遊戲，跟員工比賽日均步數，結果他以陽明山東西大縱走路線，一天走了四萬步。

「你今天走了幾步？」成了同事間的問候語，「要不要報名揪團走路？」是業務員與保戶建立關係最好的開場白，所有參與計畫的人，一起加入步步攻億走大家庭。

累積不同案型經驗後，「步步攻億走」會繼續走下去，也將考慮建置光電以外的綠能。在廣度面，目標將成功模式複製到其他地區，遍地開花，打造一個公益循環地圖，例如花嶼國小穩定供電後，可以在其他離島或有需求的學校建太陽能板；在深度面，特定區域單點持續深入，解決不同需求，例如貢寮除了農產品外，還可以發展海女文化，開發更多觀光財。

用步行行善行，為了愛自己愛社會愛地球而走，助攻能源源源不絕，誰說「用愛發電」不可能？

可負擔的永續能源目標

↗目標7．1在二〇三〇年前，確保可負擔、可靠的現代能源服務的普及性。

↗目標7．2在二〇三〇年前，大幅提高再生能源在全球能源結構的比例。

↗目標7．3在二〇三〇年前，將全球能源效率改善率提高一倍。

↗目標7．a在二〇三〇年前，加強國際合作，促進乾淨能源與技術的獲取，包含再生能源、能源效率、更先進與乾淨的石化燃料技術，並增加能源基礎設施與乾淨能源科技的投資。

↗目標7．b在二〇三〇年前，根據各國的支援計畫，擴大基礎設施並升級科技，為所有開發中國家，特別是最低度開發國家與小島型開發中國家，提供現代與可持續的能源服務。

3 SDG⑬ 氣候行動

節能、減碳、愛運動

上等人10 K馬拉松國際邀請賽

好友H是朋友圈中健康樂活的標竿，人稱立志天后的她，每年都會訂下與運動相關的目標。二〇二三年初一領到敬老卡，隨即立下跑10 K的志願，但熱愛運動唯不愛跑步的她，到年中進度仍停在跑斑馬線的長度。與跑咖好友夫妻檔聊起此事，他們建議報名賽事有個目標較容易達成，因此H挑時間離最遠的台北馬拉松，想說再找個理由推拖，將志願複製貼上到明年。沒想到跑咖夫妻比她更有決心，不給她有任何藉口延期達標，乾脆找幾個同好自辦賽事！

跑咖夫妻開行銷活動公司，光是日期的選定即展現專業，辦在台北馬同天，這樣台北其他熱門跑區一定沒人，定調後立刻成立籌備委員會，要在五個月內辦好賽事。原本只找有跑步的朋友參與，但H見主辦單位如此專業，機不可失，想揪更多人一同挑戰，志在辦場超越自我、具上等人格局的邀請賽。H人緣好，一呼百應，還有國外友人專為此回國，不能參加的也在所屬國家同步完成10K，因此首屆就直達世界級，「上等人10K馬拉松國際邀請賽」正式開辦。

秉持上等人精神，主辦單位比照專業賽事，甚至有過之而無不及。馬上拉到贊助商（團內各界大佬競相出資），設計Logo製作賽事旗幟、衝線布條、參賽T恤、完賽動章與豐富大禮包，也早早預訂賽後慶功宴。又在網路社群架設活動頁面，提供交流平台分享資訊，大家在全台（北中南皆有人參賽）及世界各地（出國旅行者也帶跑鞋不中斷訓練）回報進度，彼此打氣。深知獨自奮戰難以堅持，還安排幾場團練，由226鐵人為團員特訓，並辦專業教練講座，贊助商又場場挹注活動後吃冰、聚餐經費，促使大家積極參與。許多小學操場跑不了一圈的人，在短短數月內1、4、6K跳級進階。

以年齡非年次區分，參賽者三年級生僅個位數，四到六年級為大宗，還有上看七年級，且多數為初跑者。所以賽事是以組為單位，每組都安排跑咖、教練、體能佳者陪跑。「等人」為最高宗旨，不排名次只追求完賽，要和同組隊友一起抵達終點。賽事當天寒流細雨，但是全員準時出席，起跑前，主持人說「有勇氣站上賽道就已經完賽」，振奮的演說讓大家熱血沸騰無畏起跑。活動力行綠色賽事，參與者全員搭大眾交通工具或相揪共乘前來，跑者皆自備水壺。現場有正牌醫師出任醫療組，並由電影系主任及業餘攝影師，為參賽者記錄跑步與衝線英姿，多名工作人員騎單車穿梭跑道，做行動加油補給站，還有兩隻可愛家犬擔任吉祥物。

見到一位初跑者到5K折返處時完全不喘，我驚訝問他如何辦到，他說因為陪跑者也是位登山家，一路鼓勵他「馬拉松是練習堅持，慢慢跑才跑得久」，人生何嘗不是如此？最後所有人皆與組員一同完賽，激動擁抱彼此互賀成為上等人，我在這10K路上，見證了自我挑戰、友誼之愛，與各種人生智慧。運動，真能讓身心靈皆再上一等，希望每個人都可以找到喜愛的運動與同伴，在人生的馬拉松健康完賽。

氣候行動目標：採取緊急行動以因應氣候變遷及其影響。

氣候變遷危機的主因，來自溫室氣體排放，工業、電力、交通需求，造成化石燃料大量燃燒；過度捕撈、塑料垃圾、海底鑽油讓海洋生態失衡，以及為畜牧、紙漿、觀光等因素而開墾林地，都讓負責固、減碳的海洋與森林失能；還有抽取石油生產塑膠、畜牧業的牲畜排泄物（特別是牛群釋放甲烷）、商品運輸間的碳足跡、垃圾焚燒掩埋處理等活動，可以說發展農漁工商各行各業，都在不斷增加溫室氣體的濃度。就連最健康的運動賽事，居然也是幫凶之一。

台灣最熱門的全民運動應該就是跑步了，跑步有益健康，但也可能有損健康，因為空污問題日益嚴重，若在空氣品質不佳的時間點（PM 2.5濃度高時），或在錯誤環境中跑步（如汽機車排放廢氣的馬路邊），反而會吸進大量有害空氣，台灣近年肺癌罹病率持續攀升，許多患者反而是有跑步好習慣的人士。此外，比起其他交通工具，跑步與騎單車，也是最少碳排的移動方式，吊詭的是，路跑與自行車賽事卻會形成高碳排的污染。

以馬拉松為例，提供跑者的補給品如寶特瓶、水杯，參賽者的跑衣、毛巾、塑膠製水壺等紀念贈品，都在製造大量不環保的垃圾，還有人潮聚集過程也在堆積碳足跡。同樣的道理放在其他運動項目，也不難想像會造成多少污染問題，更別提綜合型的國際運動賽事了。以致環保人士經常在這類賽事發起抗議行動，甚至不斷倡議不該再舉辦下去。

運動本身的健康意涵，賽事帶來的觀光、城市發展等益處，與傷害環境權衡，相信仍是利大於弊，不該因噎廢食，認為只要不辦就沒污染。反倒應該藉由運動賽事，傳達節能減碳的觀念，從賽事本身開始綠化，進而讓重視健康的參與者，從參賽一路落實到生活中。

現在全球各大馬拉松，無不努力將路跑變「綠跑」，從使用環保材質水杯，提供可重覆使用的水杯到直接發明可食用的水球；使用再生材質的跑衣、獎牌及贈品，或是收集再公益捐贈；製作物回收再利用或數位化等等。綠色賽事已成各大運動賽事的趨勢，運動場館尋求如何改良成綠場館，每一屆的奧運主辦城市，也在追求成為史上最環保的奧運，朝著達成「氣候行動」目標邁進。當運動的足跡不會成為碳足跡，我們腳下的土地、呼吸的空氣就能健康運行下去。

每一步，都算樹——富邦金控「Run For Green™」

荷蘭人四百年前來到台灣，第一眼看到的就是海岸林，因此有福爾摩沙美麗島之稱，但台灣現在卻只剩下屏東香蕉灣到鵝鑾鼻燈塔，沿線不到一．五公里的天然海岸林。所幸有越來越多民間企業投入植林減碳，種樹幾乎是各家做ESG的首選，而富邦集團是結合運動實行的先行者。

金融屬無形商品，算是相對製造較少碳足跡的產業，除了帳單電子化、集團商辦節能這些有助節能減碳的行動外，便是間接幫助環境的做法，如對於煤礦、水泥、石化與鋼鐵等高碳排敏感性產業，擬定准入及撤資標準，或是開發鼓勵環保消費的金融商品、支持低碳轉型的企業等等，再者就是善盡企業社會責任，捐款資助或倡議相關行動。二〇二一年適逢富邦集團六十週年，一甲子象徵周而復始的一次循環，是促成永續議題的好時機。氣候變遷與每個人生活息息相關，跑步是在自然場域下進行的全民運動，跑者相對關注環境，富邦贊助馬拉松賽事十餘年，因此決定透過跑步，做對環境有益的行為。

富邦金控推出「Run For Green™」跑步植樹計畫，以旗下贊助的臺北馬拉松、新北市萬金石馬拉松、台灣米倉田中馬拉松、高雄富邦馬拉松及指定賽事做為植樹平台，號召全民加入，只要在任何場次累積跑超過四十公里賽

程，即可兌換一棵富邦種植的專屬樹苗，不但能自行命名，還可追蹤樹木成長現況。計畫於二〇二四年又延伸至線上路跑，只要跑者在活動期間以有支援的計步App上傳數據，累積里程數達四十公里，同樣可以認領樹苗。並利用即時榮譽排行，以及任務競賽、抽獎活動等，鼓勵民眾持續跑步、了解環境議題，也讓非跑者透過互動遊戲認識台灣樹種。

種植地點以四大馬拉松賽事舉辦地為優先，與專業組織包含慈心有機農業發展基金會、台灣山林復育協會，及高雄市愛種樹協會合作，並和地方政府溝通了解當地的需求，選擇最適合的樹種，用五年時間種下十萬棵樹，復育台灣的海岸森林與山林。種植過程與日後維護亦以永續思考，例如新北萬金石土地鹽化嚴重，樹苗容易壞死，就利用一年後才會分解的水寶盆技術，讓樹苗能穩定成長。並與當地社福組織合作，讓身心障礙者參與協助種樹和維護，過程能療癒身心，又有生態學習，還創造就業機會。或是參與彰化建城三百年的母親河復育計劃，在東螺溪沿岸復育超過八十種森林原生樹種，種植約一萬六千株原生苗木，完成後再請當地社大做生態教育的志工老師，帶社區學生、民眾和社福團體一同做後續維護，為自己生活的土地盡心力。

富邦也發揮企業影響力，積極推動馬拉松賽事綠色轉型，臺北馬拉松在

二〇二二年獲得全球首張馬拉松碳足跡盤查證書，在各方面思考如何減縮碳排熱點，諸如毛巾減量、尺寸縮小並在地採購；以數位App取代紙本手冊，以及二〇二三年首度全面採用可回收式晶片；選擇環保材質物資，如寶特瓶再製賽衣、無淋膜紙杯、海洋廢棄物回收或再生石材質製作獎杯；活動製作物也要能回收，供明年或其他賽事再利用，或是將其製成贈品或周邊商品，如帆布再製的野餐墊、飲料套等；連為跑者提供免費手機充電服務，都是使用太陽能。力邀其他贊助商響應時仍顧慮其需求，比方建議主辦單位讓跑者選擇是否領取賽衣，不領取則變成贊助品牌的購物金，不但不影響品牌露出機會，將人們帶到店頭反而更刺激消費，對跑者來說可穿自己的跑衣也很好，因此領取賽衣的人數逐年下降，上述所有做法也讓賽事平均每人的碳排量逐年減少。協同另三大馬拉松賽事持續推動下，跑者們越來越有環境意識，也帶動台灣其他賽事的綠化風氣。

富邦再將馬拉松賽事減碳概念及相關經驗，延伸到其他贊助運動項目執行，像是旗下的職業運動球隊富邦悍將棒球隊、富邦勇士籃球隊都會舉行環保主題日，所贊助的運動選手，更發揮了名人號召力，齊聲宣傳主張。除了跑步，也鼓勵大眾從日常生活行動做起，推出不同的品牌形象廣告，示範永續生活，號召民眾力行減碳，極大化永續影響力。在集團內部也形成環保風氣，各公司的跑步運動社團更為興盛，也有公司會舉行家庭日，讓員工與家人一同參與種樹，還有人將所領的樹苗命名送好友做生日禮物。長年的慣例競賽「富邦演說秀」，也以「Run For Green™」為演講主題，還增加「Pitch For Green」競賽，請同仁腦力激盪思考如何助企業節能減碳，並實際請各單位評估可行性。這些都讓富邦對內對外皆與環保極具連結，形象好對各公司推動業務都有幫助，跑者因賽事綠化更有跑步動力，民眾看到國外賽事有什麼「綠做法」，還會建議富邦參考。

「Run For Green™」五年植樹計畫已在二〇二四年提前達標，與全台八縣市、十二個區域合作植樹，參與跑者累積近三十萬人次，總計領樹超過十萬棵。但是企業不會停止腳步為地球做對的事，下一步會評估環境更迫切的議題，思考如何整合資源發展新計劃，只要永續做，每做一步都算數。

氣候行動目標

↗目標13．1加強所有國家對天災和氣候相關災害的抵禦與適應能力。

↗目標13．2將氣候變遷措施納入國家政策、策略與規劃中。

↗目標13．3改善氣候變遷適應、影響與預警的教育，提高意識、人力與機構能力。

↗目標13．a在二〇二〇年前，履行《聯合國氣候變遷綱要公約》對已開發國家締約方的承諾，目標是每年從各種來源募得一千億美元，以滿足開發中國家在採取有意義的減災行動和實施透明度方面的需求，並盡快讓綠色氣候基金透過資本化全面運作。

↗目標13．b提高最低度開發國家和小島型開發中國家對氣候變遷相關的有效規劃與管理能力，包含關注女性、青年和邊緣化社區。

4 SDG⑭永續海洋與保育

親海運動，喜洋洋

泳抱海洋的愛與勇氣

我的父親可能因為職業是船長，很重視孩子會不會游泳，我小時候唯一參加的才藝班，就是游泳課。游泳因此成為討厭運動的我，唯一擅長的運動。結婚後，另一半也是個幾乎每天要游一公里的愛泳者，我們很自然認為女兒要會游泳，她暑假唯一報名的才藝班，也是游泳課，女兒學會游泳後，社區泳池成為我們一起運動的場所，每到夏天都可以玩水玩得喜洋洋。

台灣是海島國家，但並不是每個人都會「每到夏天我要去海邊」。游泳之於我太理所當然，長大後才發現很多朋友不會游泳，因為海邊很危險、鬼月不要戲水，是他們從小聽到大的警語。我常覺得很奇怪，如果水那麼可怕，不是更應該學會游泳自保？

全球暖化造成許多小島國出現淹滅危機，像是台灣的邦交國吐瓦魯，土地最高海平面只有四公尺，未來極可能會消失；還有一直泡在水裡的義大利水都威尼斯，也被聯合國列為瀕危的世界遺產。但是有一個國家，沒有選擇消極的撤離，而是積極的戰備。荷蘭多數領土都在海平面以下，被大量運河包圍，面對未來可能的危機，他們正向思考，推動全民游泳。

荷蘭家長在孩童六歲時，就有義務幫他們申請游泳認證課，分為ABC三級，A級是基本的學會游泳，但所謂會游的標準是不能戴蛙鏡、穿平常衣鞋下水，因為突遇水難時是沒時間換泳衣、戴蛙鏡的。通過課程後會得到國家認證，像是畢業典禮般可以邀請家人見證，未得到認證，則會被禁止在公共水域設施進行水上活動，因此游泳已被孩子視為必備技能及榮譽，全國孩童拿到證書的比例接近一〇〇%。B、C級則是抬頭蛙、仰式、潛水穿洞等自救游法，以及游更長距離、穿更厚重的衣物等標準。荷蘭選擇不教育孩子水很危險，而是教他們有能力面對危險，建立無畏的自信，全民皆會游泳之下，還培養出一票能在各項水上運動中奪牌的國手。親水愛海的荷蘭人，對於海洋保育也相對重視，不斷思考潔淨海洋的方法，像是能阻絕垃圾的泡泡屏障，或是利用海洋自然動力打撈垃圾的海洋吸塵器，都是很厲害可延伸全球效法的發明。

二〇二〇年，台灣政府開放山林海洋，鼓勵全民多遊山玩水。水域遊憩活動果然激增，但是管制凌亂鬆散、無照教練橫行、廠商品質良莠不齊、民眾缺乏海洋知識，造成溺水事件頻傳。還有海洋保育觀念不足，遊客帶入大量垃圾、使用有害防晒品、觸碰海龜、踩踏潮間帶、亂撿珊瑚等不當行為，都嚴重破壞海洋生態。推動親水不恐水的美意，應先從教育做起，會游泳不代表能自救，對海洋保育不夠認識，越親近海洋越可能殘害海洋。

若是台灣能借鏡荷蘭，學游泳是先以自救為目標，不怕水就會愛上水，愛上它就不會想傷害它，再接受良好的海洋教育，才配得當一個四面環海的島國公民。文至於此，我已想好下一個暑假目標，就是全家去報防溺自救課。

永續海洋與保育目標：保護與永續利用海洋及海洋資源以實現永續發展。

海洋占地球面積七成以上，暖化問題可能會再增高占比。小小的島國台灣，面積只占全球的萬分之二．五，卻因為絕佳的地理條件，富含海洋生物多樣性，魚類占了全世界的十分之一、鯨豚占三分之一、珊瑚更接近三分之一。但是台灣這片具蝶魚珊瑚王國之稱的美麗海洋，為何來探訪的國外遊客逐年減少，國人也都出國潛水？因為台灣向來重經濟輕環保、重陸域輕海洋，長年的掠奪污染之下，造成海洋物種在短短五十年內，已逐漸消失三分之二並持續惡化中。

台灣過去因地理位置的國防重要性而長年海禁，以及民俗文化影響讓人們畏懼海洋，明明是四面環海的小島國，陸地發展卻遠高於海洋，使得國人普遍缺乏海洋知識，也不具備游泳技能。其實只要在對的時間與區域戲水，海洋是很安全的，台灣山區氣候變化快速，溪流反而相對危險，因此溺水多發生於溪邊。而且台灣每年溺水事件的主因，從來就不是因為戲水，自殺與浮屍才是最大宗，這就是為什麼疫情期間人們無法出門，溺水身亡人數卻創歷史新高。所以只要強化游泳及自救技能，溺水事故必然會更為下降，國人是可以安心自在親水的。

政府在二〇〇八年推動游泳教育，又在二〇二〇開放山林海域，觀念改變確實大大提升了國人的親水慾，近年離島觀光興盛，水上休憩運動蓬勃，然而沒有完善的管理制度，及正確的海洋教育，多數民眾沒有因為愛海而珍惜海洋，反而將之破壞殆盡，喪失得天獨厚的生物多樣性。小琉球就是一個血淋淋的例子，因豐富的自然生態逐年吸引破百萬遊客，但缺乏相關法令管制，只想著大發觀光財的結果，造成沿岸魚種、珊瑚生態極速衰退。海委會在二〇二三年提出相關管理措施，但已是亡羊補牢，許多物種復育困難。將來當資源耗盡後，不僅失去旅遊吸引點，漁業發展也大受影響，根本就是雙輸。

由此可知，台灣雖非常適合發展海洋經濟，但必須以「永續海洋與保育」為前提來思考觀光、漁業資源，若是全台目前七十個海洋保育區，都能落實遊客與捕撈的總量管制、完備各種復育計畫，才有機會回到原本富裕的條件。也不能像過去那樣，只是禁止恐嚇而不教導正確觀念，既然國人越來越不怕水了，就應該趁著水上運動熱潮，融入海洋教育，其實基本道理很簡單，那就是讓大家知道只顧玩不愛護，最後統統沒得玩！

一網打盡海洋垃圾場——

班・勒肯特泳護海洋／國際排球聯會「好網計畫」

太平洋垃圾帶所累積的垃圾面積，約有一個法國那麼大，簡直是個垃圾國。因此聯合國環境署於二〇一七年發起「清潔海洋」倡議，旨在提高全球對海洋垃圾的認識並解決問題。

世界首位游泳橫渡大西洋的開放水域泳者班・勒肯特（Ben Lecomte），二〇一八年挑戰橫渡太平洋時，每天都在經歷垃圾污染的惡夢，因此他在二〇一九年決定把世界紀錄擺一邊，專注為海洋發聲，一樣是游太平洋，但這次是泡在太平洋垃圾帶中，以日誌形式記錄整個過程，希望讓更多人看見海洋的真實樣貌，以及污染對人類的影響，進而改變自己的生活習慣，盡力減少製造垃圾。

勒肯特選在夏威夷到加州間污染最嚴重的區域，原預計游三百海哩，代表每年製造的三億噸塑膠垃圾。雖不為紀錄而游，自六月初出發到八月中上岸共五十五天，最終三三八海哩距離，仍破了金氏世界紀錄。他在海中游泳時，同行的科學團隊則在帆船上收集漂浮碎片、微塑膠與微纖維等塑膠污染數據集，用於日後針對塑膠對海中生物危害及人類影響的分析。二〇二一

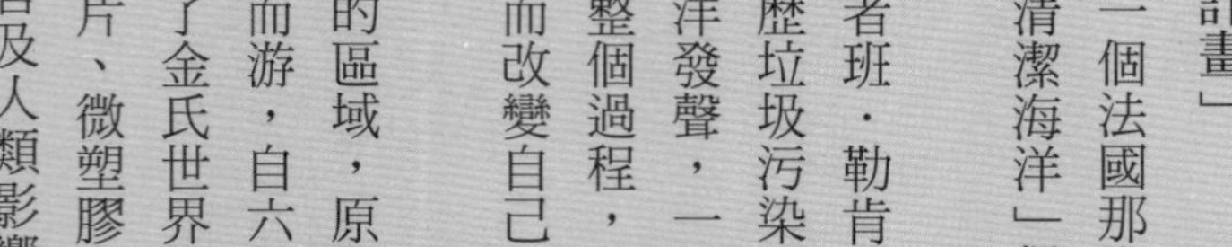

年，他繼續前往加拉巴哥島、科科斯島、中途島等世界遺產，與更龐大的研究團隊一起追蹤海洋塑膠，期待藉由學者的學術發表、青年的倡議教育、專業組織的影響力，齊心解決海洋垃圾問題。

除了塑膠，太平洋垃圾帶範圍之大，其中將近有一半來自「幽靈網」，每年約有六十四萬噸捕撈設備流入海洋，形成表面看不見的隱形殺手網絡，持續污染著海洋，並影響鯨魚、海豚、海龜及其他海洋生物的生存。二〇一九年國際排球聯合會（Fédération Internationale de Volleyball），加入了聯合國的「清潔海洋」倡議，啟動「好網計畫」（Good Net Project），與長年致力於清除海洋中丟失捕撈設備的NGO組織——幽靈捕撈基金會（Ghost Fishing Foundation）合作，將回收的廢棄漁網，變成一張張排球網，提供給各地社區運動設施。

好網計畫二〇一九年首度在里約奧運沙攤排球舉辦地登場，而後陸續在漢堡的國際排聯沙灘排球賽、羅馬世錦賽使用，至今仍繼續在世界各地實行計畫。除了球網，下一步要針對魚網回收重製成的紗線，思考如何做更廣泛的應用。一個簡單的概念，就讓海洋垃圾成了造福環境與社區的循環經濟網。

海洋之心天使心——臺北市海洋教育資源中心

因應少子化現象，臺北市教育局將學校餘裕空間做為資源再運用，有些成立幼兒園、有的供樂齡學習，關渡國小，則是配合二〇一一年教育部將海洋教育列入重大議題，設立了海洋教育資源中心。由於兼具教師資格又懂海洋教育的人才難尋，海資中心經歷了一段探索期，才因戴佑安老師的出現，而完備了現今的教學系統。

空手道國手出身、體大畢業的戴佑安，從小就喜愛海洋，大學去海邊玩，發現魚種多又漂亮，因此又考了潛水執照，愛海自然護海，經常參與淨灘、清漁網等海洋保育工作。後來成為體育老師，對教育充滿熱忱，攻讀海洋大學研究所期間，更認為從教育著手才能解決海洋保育議題，因此當得知海資中心有職缺，即使薪資銳減仍願加入，並與海洋知識豐富、原為綠島海洋研究助理的盧主峰，共同努力將海資中心打造成一個寓教於樂的海洋教育樂園。

海資中心利用學校泳池，做為體驗獨木舟運動的場域，戴佑安與工作夥伴共同將其他空間如校史室、教室，規劃成藝文創作的海洋故事牆、沉浸學習的室內沙灘、認識原生水域生物的大小魚缸區、運用科技模擬情境互動體驗的海洋教室，以及海洋文學主題的圖書室等區域，並針對不同年齡層，設

計各種河海遊學課程。例如「海洋拓荒者」課程是早上教如何操船、水上自救等，再實體划獨木舟；下午的海洋知識教學，從環保生態、到水域安全以至海洋產業，內容包羅萬象。這樣的校外教學實在太豐富有趣，每次網路一開放報名，就是秒殺。為了服務更多搶不到課的學生，戴老師再用自己沒有課堂的時間進行「海師入校」，至學校演講海洋教育。更在寒暑假承辦不同海洋主題營隊，以兩天一夜的「海洋微旅行」為例，第一日白天參觀海洋科技博物館，午後在潮境公園浮潛、淨灘、生態導覽，夜訪漁港認識漁業、觀星，夜宿海科館；隔日白天於雙溪河操舟，午後玩沙雕、堆沙堡，以及在親水河道漂流、觀察水中生物，讓孩子在玩樂中自然學習。

無論任何課程回饋都是四．八評價以上（滿分為五），孩子們在獨木舟運動中學會如何自救；看到以前海洋的影片會難過這些生物都不見了，更強化去海洋戲水的正確觀念；從鯨豚、海龜救援過程，理解為何要在生活中力行環保；由海鮮指南中得到漁業知識，回家還會告誡父母少吃什麼魚種。學生收獲多，老師回去後也能活化教學，像是某位老師與學生去清潔水溝，水質乾淨後，鳥類居然還會停下來吃魚；還有離島老師來觀摩，將課程改良成適合自己學校的教案。在一點一滴紮實基層海洋教育後，戴佑安努力擴大海資中心的影響力，教高中、大學生海洋職涯發展，為銀髮族設計海洋教育營隊，並在二〇二〇年替特教生量身訂做「天使計劃」。

戴老師一開始是與啟智學校的老師朋友，一起做特教生的海洋教育，至二〇二四年已辦了十個梯次。與一週可以辦二至三次的河海課程不同，特教生每一梯次都要撰寫計畫案向上報備，並需花三個月到一年的時間準備。除了部分海洋保育署、民間團體資助外，多數款項還必須自籌經費，戴老師都是自掏腰包，為參與的學生、家長、志工、老師、救護人員準備餐費、交通費和保險費。由於特教生包含發展遲緩、自閉、腦麻、罕病、智能障礙等障別，理解力與行為能力都不同，首先必須做家訪溝通，了解每個孩子的特質與需求，並安排適合的專屬陪伴志工；接著做志工培訓，利用簡單的室內活動讓孩子與志工熟悉彼此，如在充氣式水療池裡玩水、在教室玩沙；再進行各種室內海洋教育課程，並由特教老師從旁協助上泳池課，為正式的戶外活動做準備，每次都要做檢討以調整出最完備的教學內容，最後才會到海中分組授課。

與一般生的河海課程一樣，回饋調查滿意度都接近五分，很多家長從來不敢想像孩子可以玩水，看到他們自由在泳池飄浮，甚至敢跳入海中，無不感激天使計畫的存在。有家長日後再去海邊，孩子不但能主動親水，還會問怎麼會有垃圾？大海不但療癒特教孩子的身心，海洋教育也增加了日常的學習動機並深入生活。參與的特教老師、志工及救護人員，同樣深受感動，成為推廣海洋保育的一分子。戴老師認為特教孩子的人生就像煙火，短暫但應該要燦爛，即使沒有經費、籌備期長又責任重大，只要看到孩子的笑容，就很願意繼續下去，經過他的努力，已經有許多特教學校納入游泳課。

戴老師認為有正確的海洋保育觀念，提高對海洋的認識以及對海洋崇敬尊重的心，人類才能與海洋和諧共生，讓地球永續發展。透過海資中心，幫助國小學童認識海洋生物與海洋廢棄物，國中生建立親水的能力與觀念，高中生習得用海知識與船泊技術，循序漸進培養孩子們在出社會後，都有驕傲的島國公民意識，把既有的認知實踐在生活，而不是把未來人的東西都用完了。當每個人都有一顆愛海洋的心，就能成為保護海洋的天使。

永續海洋與保育目標

↗目標14．1在二〇二五年前，預防並大幅減少各種海洋污染，特別是陸上活動所造成的污染，包含海洋廢棄物以及營養污染。

↗目標14．2在二〇二〇年前，可持續管理和保護海洋與沿海生態系統，避免重大不利影響，包含加強其災後復原能力，並採取行動恢復，以實現健康又具生產力的海洋。

↗目標14．3減少並解決海洋酸化的影響，包含加強各層級的科學合作。

↗目標14．4在二〇二〇年前，有效監管捕撈，杜絕過度、非法、未報告、無管制與破壞性的捕撈行為，並實施科學管理計畫，以在最短的時間內恢復魚類資源，至少恢復到依其生物特性而可產生的最大可持續性產量。

↗目標14．5在二〇二〇年前，根據國家與國際法規，並基於現有最佳科學資訊，保護至少一〇%的海岸與海洋區域。

↗目標14．6在二〇二〇年前，禁止導致過度捕撈的漁業補助，消除會助長非法、未報告、無管制的漁業補助，並避免引入新的補助。承認對開發中國家與最低度開發國家，採取適當且有效的特殊待遇，應成為世界貿易組織漁業補助協定的一部分。

↗目標14．7在二〇三〇年前，透過永續利用海洋資源，包含漁業、水產養殖業與觀光業的永續管理，增加最低度開發國家與小島型開發中國家的經濟利益。

↗目標14．a增強科學知識、發展研究能力與轉移海洋技術，思考各國政府海洋委員會的《海洋技術移轉標準與指引》，以改善海洋健康，並促進海洋生物多樣性對開發中國家發展的貢獻，特別是最低度開發國家與小島型開發中國家。

↗目標14．b為小型捕撈漁業者提供取得海洋資源與進入市場的機會。

↗目標14．c落實《聯合國海洋法公約》的國際法，加強保護及永續利用海洋及海洋資源。

5

SDG⑮ 陸域生態
運動，是很自然的事

大自然運動場

疫情期間因無法出國旅遊，我與一群本來就愛遊歷台灣的好友，更密集地玩了幾趟島內小旅行，其中一次來到高雄甲仙。我是從楊力州導演的紀錄片《拔一條河》認識這個地方，也才知道二〇〇九年八八風災遭土石流滅村的小林村，就在甲仙。片中一段甲仙國小拔河隊員奮力向後拉繩，與土石流滾滾向前急竄的交叉剪接，讓我當場激動噴淚。不過時隔多年且抱著遊玩心情，即使知道目的地是曾經的災區，完全沒有預期會看到什麼。

美濃好友加入同遊，特別請了位原住民地陪做導覽，先在鎮中心吃沁涼的芋頭冰，再慢慢驅車往那瑪夏開，沿途風光明媚，笑聲不斷，因為幽默導遊笑話大全信手拈來。印象最深的是，中午在山林間吃原民料理便當，非常多蒼蠅環繞，讓我們這群都市俗頗為困擾，導遊見狀語帶輕鬆地說：「這是我特別為大家準備的有機蒼蠅，有機的，很天然耶。」

旅程中站來到小林村紀念公園，由於園區清幽，平埔族群文物館的展間互動性也有趣，還沒有太強烈的感受。當我們走到街上，才開始怵目驚心，十餘年過去，村裡廢棄的房舍、店家或學校牆壁與天花板，仍存留清楚的黃泥痕，全都超過一層樓高，代表土石流淹過的水位，居然會在深山中看到這種景象，那種恐怖感實在難以言喻，原本嘻鬧的一行人久久沒有交談，靜靜地隨導遊走到下一站。所幸之後的路途風光依舊優美，搭配導遊即興脫口秀，才漸漸恢復歡樂。

這群朋友大半都熱愛戶外運動，百岳迷、潛水控、三鐵瘋，以及各種與上山下海有關的活動，他們也都是環保人士，大自然是他們的運動場，會愛護自然真是再自然不過了。當然也是會有把自然運動場視為理所當然的人，就像許多籃球場，經常可以看到沒帶走的垃圾，許多人不懂或是不願意去保護，對大自然予取予求，結果親近大自然變成破壞大自然。台灣在二〇二〇年開放山林，原本具有向山致敬、以大自然為師的美意，但反而造成許多問題，諸如登山者浪費救援資源，山屋營地的廚餘垃圾污染環境，也改變野生動物覓食習性等等，我覺得這些破壞，少有蓄意為之，多半來自知識不足。

在看紀錄片《山椒魚來了》時，我就發現不求甚解的人不少。這支紀錄片是麥覺明導演歷時十七年跟著研究團隊記錄，誕生於十萬年前冰河時期、全世界唯一與恐龍共生過的台灣特有種、且瀕臨絕種的活化石生物——山椒魚。山椒魚多半存於海拔二千公尺以上的高山，研究團隊必須跋山涉水，在險峻環境與惡劣天候中尋找牠們的蹤跡，片中研究員對於艱辛搜索過程從未抱怨，還可以看到他們對研究滿滿的熱情，唯一會讓他們氣噗噗的是看到遍地「小白花」。

高山低溫，缺乏氧氣與微生物，很難完全分解果皮、衛生紙，因此不該以為留在山林它們會自然分解，而是要將其帶下山丟棄。不登山的我都知道「無痕山林」概念，很訝異居然有這麼多熱愛爬山的山友會隨意丟棄衛生紙。我猜想，這些人應該和我一樣知道不該丟，卻不知道怎麼做，因為我也從沒認真了解，該怎樣在山中「方便」最正確，看完電影才去將知識補足。山中河川湖泊是登山者的維生用水，也是下游居民的水源頭，所以不能在溪邊湖畔便溺污染飲水，這是我沒詢查前也不知道的常識。那該怎麼做呢？當需求來襲，先離開既有步道和水源區至少三十公尺處，並攜帶貓鏟，將排泄物掩埋在十五至二十公分深的小洞裡，使用過的衛生紙則封裝好後帶走，就不會留下小白花了。或許有一點麻煩，但稍微不方便的方便，就不會製造地球的麻煩。

俗語說「仁者樂山，智者樂水」，在大自然運動場上，究竟是仁德聰明的人多，還是無知傲慢的人多？可能我身邊的朋友多屬前者，我傾向相信大自然是最好的老師，會教我們學會謙卑，多在大自然運動，自然而然就會愛護自然。就像我沒那麼愛親近大自然，常親近這樣的朋友，多少能耳濡目染，我會盡量做對保護環境有意識的行為與消費，也能將相關知識分享他人、教育給下一代，雖不敢自稱是環保尖兵，至少少扯一點地球後腿。當社會上有越多真心愛自然的人，其影響力自然就會擴大，將知識推展出去，那麼，大自然運動場就能夠永續存在。

陸域生態目標：保護、恢復和促進陸地生態系統的永續利用，永續管理森林，防治沙漠化，制止與扭轉土地劣化，並遏止生物多樣性的喪失。

二〇二四年四月三日，花蓮大地震造成山區柔腸寸斷，太魯閣國家公園宣布，各景點及生態保護區將無限期休園。因此出現是否該讓台灣最美後花園，自此休養生息不再重建的聲音，但是要如何另闢往返東部的交通又是一道難題。經過近幾年的大型天災，我們應當明白是人禍讓天災加劇，也該存有人必不能勝天的謙卑，不好好珍惜大自然，不只美景不再，更可能是人類不再。

人類對大自然的傲慢，終將引來自身的災難，怎樣才能讓人敬畏大自然，學習與之共生呢？推廣戶外運動或許是個好方法，畢竟人類自古與其他生物一樣，本來就會因生存所需而運動，比方狩獵抓魚、摘果取水，回歸自然也許最能使我們「恢復人性」。台灣現正流行登山、健行、露營等戶外活動，雖然造成問題，但也因此延伸出許多生態教育課程。或許有破壞才有建設，無知的行為發生，導正的倡議與行動才會出現。越多越完善的山林教育，人們就越會重視山林保育，「陸域生態」目標自然就能實現。

辦一間學校，保護全台灣的自然教室——福爾摩莎登山學校

「做這些事要花好長的時間喔～」我說。

「那就用一輩子來做吧！這輩子做不完那就下輩子繼續做，再做不完就下下輩子囉～」江秀真笑笑回應。

《福爾摩莎山域教育推廣協會》創辦人江秀真，高二時因參加救國團雪山登峰隊，攀上人生第一座台灣百岳，因而愛上登山。二十一歲取得嚮導證，二十四歲成為台灣第一位登上珠穆朗瑪峰的女性，三十八歲更是首位完攀世界七頂峰的華人女性。歷任臺大梅峰農場生態解說員、玉山國家公園保育巡查員。二〇〇八年十大傑出女青年，二〇〇九年再登珠穆朗瑪峰，同時榮獲十大傑出青年。

多年來造訪世界各地山岳、結識各國登山隊，江秀真時常感嘆在台灣有百岳、七千多座山，卻不像國外有登山學校。為推廣登山教育，她跑遍全台進行三千多場演講，成立山域教育協會，更為了籌備台灣第一所登山學校努力精進自己，先後取得嘉義大學森林資源管理研究所、臺大大氣科學研究所碩士學位，並攻讀中正大學成人及繼續教育學系博士班，還前往法國、日本、波蘭等登山學校取經。

二〇二〇年開放山林後，山難大幅激增，台灣地震頻繁、氣候變化快速、山勢險峻，即使老手也會遇到山難，一般人當然更該具備基本知識，才能減少不幸憾事發生，就像要維護交通安全，所有人都需知道交通規則。台灣的登山教育是師徒制，由經驗豐富的老手帶新手，這樣的內隱知識無法普及，而且沒有正確標準，好壞習慣都會學到，因此江秀真想滙集各方資訊並系統化成外顯知識。當大家都認知登山有一定風險，懂得該如何準備、遇險時能夠自救，並有不破壞山林的常識，那麼最後任何人都可以自主爬山，享受大自然的美好。

這些觀念要先形成全民共識，成立登山學校才有意義，也才能永續。因此第一階段持續四處演講宣導，並建立線上募資平台，不是為了集資蓋學校，主要是讓全民皆能參與，提供免費基礎課程，講授正確登山安全知識，且讓大家知道登山學校的重要性。第二階段再推樂齡實體課程，聚集具教師資格的老師開工作坊，協助他們習得登山領域知識，退休教師去社大教學，而現職老師就是未來登山學校的師資基礎。老師會教書但不見得會爬山，在課堂教授完知識性的內容後，就與台灣眾多登山協會的資深嚮導合作，進行實體的山野教育。透過拍攝線上課程影片，以及實體教學的過程，來完備教

15 陸域生態 13 氣候行動

學系統與培養師資，最後再收斂成登山學校。

登山學校將是技職型的實驗中學，中小學還太小，身形條件與理解力不足，大學生已經很自主成熟，也有登山社團。因此高中是最適合的年齡層，基本學業知識都有了，身體素質又穩定，正是建立品格、領導力的時機，上了大學可以成為登山社團的小領袖，或是選擇相關科系大學就讀，將來再投入登山產業服務。除基本高中學科、登山教育及山林保育課程，還需具外語專長，並考取登山嚮導證才能畢業。登山學校的學生，不只可以走出國際，還能把世界帶進來。江秀真認為，台灣至少能選出十到二十座如日本富士山、馬來西亞神山等級的山岳，吸引各國山友前來朝聖，因為天氣變化大使得山林景色很有不同風情，而且全島皆是山，一年四季、東西南北中都能爬山。當全民都登山、國外人士也想來，需求變高，政府自然會願意推動政策改善環境、將配套措施做好，產官學民合力完善台灣山林保育，還能串起整個登山產業並邁向國際。

山林開放後不僅山難頻傳，破壞事件也層出不窮，江秀真認為這是必經的陣痛期，管制是為了脫離管制，不開放就沒有學習自律的機會，她自己也是讀了書才更深入了解生物、生態，以及如何做到無痕山林。以她過去擔任玉山巡查員的經驗，使人遵守規則不能用逼的，下次不會記得，甚至會見笑轉生氣，必須有耐心透過教育一點一滴去影響。對土地有認同感，自然就會愛護土地，因此登山學校也會安排歷史風土課程，培養學生的人文素養。「大自然是最好的老師」，這句話是登山多年的江秀真真切的體悟，也是她攻讀博士的主要研究。許多她帶過的親朋好友和長者都回饋她，爬山除了強身健體、欣賞風景，也是認識自己、提升自己的機會。光是行前整理裝備，就能建立自信，鍛鍊思考、記憶力與組織能力。更不用說在爬山過程中，能向大自然學習到如何與自己和解，與他人和諧，面對生命的謙卑。

在師法大自然前，必須先學習如何保護大自然，台灣七千多座山，是全民最棒的自然教室，若是教室消失了，學生要去哪裡上課？江秀真認為成立登山學校，讓教育普及是保護教室最可行的路線，但不見得是最好走且最短時間能抵達的，所以她已經準備好用一輩子來攀登。

手護環境，從雙腳開始——千里步道協會

「千里步道」是二〇〇六年由黃武雄、小野、徐仁修老師共同發起的公民參與運動，期盼集結眾人之力在台灣山海間，進行跨縣市路網串連，開闢一條專為雙腳及單車所行的環島步道，能安全步行、單騎，沿途無水銀燈光害、除草劑與水泥蔓延的「鄉野三害」，並保有自然人文之美的綠色路網。這項倡議不僅是象徵由民間自行打造的「第11號國道」，還涵蓋了行人路權、綠色交通、生態旅遊、環境保護、在地認同、地區發展、文化傳承、歷史記憶等永續議題與價值。

運動初期是串連全台各地的社區發展協會、社大、地方文史組織、民宿業者等單位成立工作站，歷經五年的踏查、試走、選線、定線，將山線分成十段，每段約一百五十公里，平均七天六夜的路線索引，以及兩段海線以騎單車完成的近三千公里環島路網。由於純粹由民間發起，並非被實體化的公共建設，是無路牌、指標的隱形路線，因此二〇一一年千里步道協會成立，統籌結盟各方力量，並與中央及地方政府協力，透過出版書籍、推動步道示範區、進行手作步道實作、編撰工法手冊、導入生態旅遊培力與活動，以及架設線上地圖等方式，幫助民眾認識這些路線，以行走於喜愛的步道中，與人文土地連結。

步道原是人們親近大自然的管道，為圖方便、快捷、安全等因素，反而變成破壞大自然的建設，協會因而提出「步道學」概念，以「天然步道零損失，水泥步道零成長」為目標，搭配完整系統化的步道學課程與認證體系，培養專業步道師及志工，並與公部門承包工班協力，實施全手工製作步道。優先推動三條長距離貫穿南北的國家級綠道：淡蘭古道百年山徑、樟之細路，以及山海圳國家綠道，在建置過程中不但能守護環境，還帶來在地經濟與文化傳承。手作步道工程也邀請企業組織及民眾參與，以淡蘭古道為例，曾與新北市政府合作為期三年、每年十場的步道修復行動，在每一段做出工程項目的判斷，需多少人、修多少天、多少次，設計不同活動邀請不同對象加入，有些是工班廠商教育，有些提供組織團體、社會大眾或親子體驗。從認識所在地環境、了解步道材質選擇原因、需避開什麼植物等施作過程中，進行環境教育。

完修的步道還需全民共同維護，不想破壞就必須先知道什麼是破壞，協會建立「台灣步道守護網」，用科學的方式提供客觀評估教育，讓民眾在行走步道時能回報相關發現，包含步道本體損壞，如沖蝕、樹根裸露；工程或人為破壞，如私人占用、垃圾、濫墾；設施物損壞，如欄杆扶手、公廁涼亭；

17 永續發展夥伴關係　15 陸域生態

通行阻礙，如人為封閉、災害倒木。每個項目給予明確的定義，配合影像說明，比方沖蝕的程度，人不可能隨身攜帶尺去量，但可以利用身體去判斷，溝底至路面落差到成人的腳踝是輕度、到膝蓋是中度、過人高是重度，透過這個平台讓更多人去關注腳下的土地，進而做到陸域的保護。

啟動千里步道運動後，除持續倡議、實施手作步道等相關服務，自二〇一四年開始將每年六月第一個週六，訂為「台灣步道日」，鼓勵大眾在這天去走自己最愛的步道，為該條專屬步道做件有意義的事。至二〇二四年進入第十年，也讓運動邁向回顧展望並行階段，進行鋪面調查2.0，重新回去踏查曾修過的步道，記錄現況並統籌新的修護需求；持續優化三大綠道，設立淡蘭資訊站、樟之細路工作站、水海圳驛站，提供預約導覽、住宿店家諮詢、集章等服務；步道沿線商家訂為綠道之家，提升社區經濟發展；行銷在地同時發展國際化，協會加入世界步道聯盟組織，並參與多項國際交流活動。未來計劃整復糖鐵與原民為主題的綠道，以及推動綠道法案，從國家政策面讓步道修護制度化，多方著手完善這場公民步道運動。

愛護大自然的同時會被大自然教育，多年來曾參與手作步道的志工、民眾或組織，都有許多見證回饋。在學校被認為是過動會搗亂的小孩，來到手作現場卻表現非常好，所有工作即使要比大人花更多力氣，仍積極努力完成，甚至願意平日請假加入，完成週末未做完的收尾工程，家長也認為，與其讓孩子去學校度過不快樂的一天，在戶外還能學到更多。積極布局綠電的大亞電線電纜公司，由董事長親自帶隊，還有擔任董事的前交通部長也下來修路，原本只是單次參與，因受到步道周邊社區的感謝而感動，許多員工都變成志工，每年跟著協會到處修步道，樂此不疲，越參與越有成就感，更熱愛去走步道、護步道。家扶基金會則是以手作步道當作輔導員團體動力訓練，其中一位輔導員分享，他感到每顆石頭都有稜有角、沒有固定形狀，最奇怪的有時候就是最關鍵的，放對地方就可以卡得很剛好，石頭有沒有用不是自己說了算，而是有沒有發現那個最佳位置，對他而言是個鼓勵，回去看輔導孩子的角度都不一樣了，讓他不會輕易放棄任何一個孩子，要努力找到適合他們的位置。大自然是最好的教學中心，不同領域與不同生命經驗的人，都有不同的學習與領悟，親身體驗的感受最直接深刻。

天天都可以是步道日，跟著千里步道的綠網索引，無論是以雙眼查訪回報步道問題，或是雙手加入修護步道，還是用雙腳行一段土地之旅，都可以讓全身五感去體驗大自然，參與這項愛護環境的美好運動。

陸域生態目標

↗目標15．1在二〇二〇年前，根據國際協定的義務，確保陸地與內陸淡水生態系統及其服務的保護、恢復及永續利用，特別是森林、濕地、山脈與旱地。

↗目標15．2在二〇二〇年前，推動落實各類森林的永續管理，終止毀林，恢復退化森林，並大幅增加全球造林與再造林。

↗目標15．3在二〇三〇年前，防治沙漠化，恢復退化土地與土壤，包含受沙漠化、乾旱及洪水影響的土地，致力實現土地退化零增長的世界。

↗目標15．4在二〇三〇年前，確保山區生態系統的保護，包含生物多樣性，以增強其提供永續發展所需的有益能力。

↗目標15．5採取緊急且重要的行動，減少自然棲息地的退化，阻止生物多樣性的喪失，並在二〇二〇年前，保護及預防瀕危物種的滅絕。

↗目標15．6依據國際議定，確保公平公正的分享基因資源利用所產生的利益，並促進其適當取得管道。

↗目標15．7採取緊急行動，制止受保護的動植物遭到盜獵、盜採與販運，並解決非法野生動物產品的供需問題。

↗目標15．8在二〇二〇年前，採取措施以避免外來物種入侵陸地與淡水生態系統，並大幅減少其影響，控制或消除重點物種。

↗目標15·9在二〇二〇年前，將生態系統與生物多樣性價值，納入國家與地方規劃、發展過程、脫貧策略中。

↗目標15·a調動並大幅增加所有來源的財政資源，以保護及永續利用生物多樣性與生態系統。

↗目標15·b大幅動員各層級資源，為永續森林管理提供資金，並向開發中國家提供適當的獎勵機制，以推進永續森林管理，包含保護及造林。

↗目標15·c支持全球對打擊盜獵和販運受保護物種的努力，包含提高當地社區尋求可持續生計機會的能力。

第二篇
Social 社會
運動助攻社會共好

6

SDG ① 消除貧窮
運動讓未來希望無窮

富小子聯盟

台灣職業運動持續成長，球員薪資屢創新高，可是曾經多次重傷職棒的簽賭案，二〇二四年居然又在籃球界上演。近年台灣職籃運動發展可謂超級快速，自二〇二〇年P. League+成功掀起風潮後，隔年，T1 League也成立加入戰局，兩聯盟大亂鬥後又變出新聯盟TPBL，加上籃協原有的SBL，小小的台灣總共有十五支籃球隊，是職棒隊伍的二．五倍，也比當年職棒兩個聯盟加起來還多。明明打籃球的出路變多，報酬也還不錯，卻仍有人要尋求不法賺錢管道，曾因假球而遠離球場的我，真心失望與不解。當然，台灣的待遇和國外成熟環境相比還是差很多，運動員生涯又短暫，可能因此容易心生貪念吧。

究竟該不該努力成為職業運動員呢？NBA有不少球星靠打球脫貧的例子，爭冠隊伍必搶的球星KD（Kevin Durant），是來自單親媽媽養大的窮困家庭；遭生母拋棄的「士官長」Jimmy Butler，十三歲開始就過著輪流在同學家寄宿的流浪生活，直到高中被隊友媽媽收留才安定下來，打入NBA坐擁高薪後，他立刻回報養母豪宅名車；還有從奈及利亞偷渡到希臘的難民「字母哥」Giannis Antetokounmpo，從小與四兄弟得在街頭當小販貼補家用，所幸打籃球的天賦讓他從歐洲一路打進美國，並帶著兄弟們一起闖蕩球界，這些都是球迷耳熟能詳的勵志故事。

不過球迷也都知道，NBA有許多父親曾打過職籃，如今傳承衣缽的球二代，包含我的一生偶像Kobe Bryant，還因為爸爸曾在歐洲打球，讓他能說得一口流利的義大利文。最有意思的對照是兩位多次在總冠軍賽碰頭的對手，Stephen Curry和LeBron James，兩人是在同一間醫院出生，家庭背景卻大不同，Curry是家境富裕的球二代，LeBron則是在貧民窟長大。得知這個趣聞後我一直很好奇，到底NBA是窮小子多還是靠爸族多？結果數據科學家賽斯・史蒂芬斯—大衛德維茲（Seth Stephens-Davidowitz）的著作《數據、真相與人生》（*Don't trust your gut*），給了我答案。

真實的統計結果，打進NBA的機率，富裕區的黑人小孩，是貧窮區黑人小孩的兩倍，白人小孩則是有錢人比窮人高出六〇%；跟全美黑人相比，由單親養大的NBA球員低了三〇%。數據顯示，NBA其實是一個富小子聯盟，只是正因窮出身的球員如此難得，才總會被提出來激勵人們，產生靠打球翻身機會多多的錯覺。

儘管如此，我仍認為運動有助脫貧，就算無法成為萬中選一的職業球星，運動能強健身心靈，從運動中可學習到的抗壓性、團隊合作等技能也很多，就算沒能帶來實質財富，心靈富足更是有助一生。愛看運動同樣有好處，運動賽事和運動員所帶來的快樂和感動，都能成為激勵自己的正能量，也可能因著這份愛好找到職涯方向，我就有幾位朋友，是因為喜愛某項運動或球星，而發展出不同的人生際遇。拿我自己來說，從沒想過當年只是個學生球迷，三十年後居然能為台灣職棒千勝的總教練寫傳記，還能完成這本書，在運動迷世界，我就是超富有的人。

消除貧窮目標：終結世界一切形式的貧窮。

有鑑於全球國與國，以及國家內部的貧富差距劇烈，資源不均將引起各種社會問題，因此SDGs的首要目標就是消除貧窮。解決貧窮問題最快的方式就是捐款，只是治標不治本，正所謂「給人魚吃，不如教人如何釣魚」，讓每個人都有謀生能力才能真正的助人脫貧。這句俗語的關鍵字是「教」，所以從教育著手最能根本解決問題。至於該怎麼教、教什麼？也是大學問。而且除了「釣」，是不是也該教怎麼用箭射、魚網捕撈，或是養殖等不同方法；還有除了魚，更應認識到米、肉、菜等食材，一樣可以餵飽自己。

成為職業運動員是釣魚的方法之一，若是做到頂尖就能脫貧致富翻轉人生。比方說，有些南美球員若有機會進ＭＬＢ，在簽約前得先把家人祕密接來美國，否則可能因他人覬覦財產而身入險境，足可見其龐大的利益。但所謂頂尖就是極少數，而且台灣職業運動環境不如國外成熟，這種想法更是不切實際，就像想釣一隻珍稀的魚，實在過於困難。但是可以把想吃到這條魚，當成一個誘因，就算無法順利釣到，至少學到如何釣普通魚的技巧，在學習過程中培養出的耐心和專注力等能力，也可以用在狩獵與種植上，搞不好反而捕獲到其他珍禽，或是種出富含同等營養的植物。

總而言之，教育是最能根本解決貧窮問題的方法，而運動是寓教於樂的好載體，藉由對運動的熱情，導入正確的教育，助需要脫離貧困的族群，從中獲取各種對未來有用的能力，就有機會實現「消除貧窮」目標。

讓富富得正——美國國家籃球協會「NBA Cares」

美國國家籃球協會（National Basketball Association，NBA）各球隊或是球員個人，過往經常在休賽期參與公益活動，但多數記者都認為這就是公關宣傳，而且球迷並不關心球員在社區做了什麼，只想知道他們在場上做了什麼，以致這些事情很少得到公開報導。聯盟因此在二〇〇五年創立NBA關懷行動（NBA Cares），並將其納入營運的一部分，讓各自單打獨鬥的慈善工作，發揮集體影響力。

這項全球社會責任計畫，不只是讓球星陪小孩打打球、做做公益，而是有多種具實質幫助且有效結合NBA賽事的活動。聯盟三十支球隊遍布全美，社區服務是計畫創始至今最主要的項目，由球員與志工進入球隊城市裡的社區，提供物資、協助建設或陪伴，改善人們的生活條件、工作環境以及孩子的遊戲空間等等。每年聯盟的明星賽舉辦城市，及總冠軍賽兩隊所屬城市，會成為當年度加強關懷地區，以充分發揮賽事的集中效應。並與國際籃總合作，將這些資源推廣至世界各地有發展籃球運動的國家，像是台灣每年都有NBA關懷列車，由籃球明星、教練造訪不同學校，透過籃球教學與

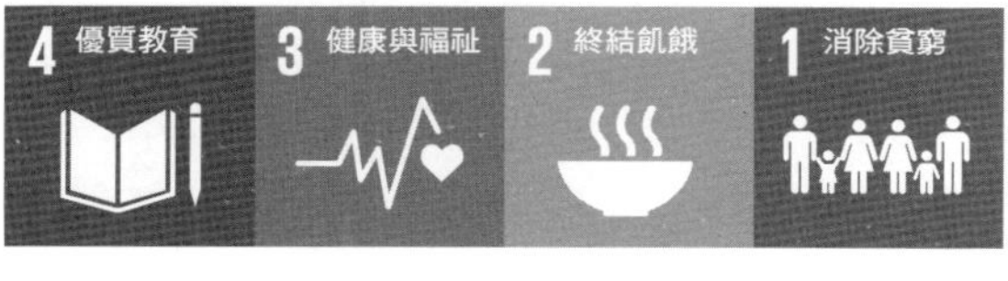

互動，教予孩童正向價值觀。二〇二三—二〇二四年NBA Cares的結案報告顯示，該計畫已提供了七百四十萬個小時、服務超過四十個國家及兩千多個社區。此外，計畫還包含了環保、賑災、各種平權倡議、退伍軍人關懷及多國文化交流等活動，其中與教育相關的項目占了最大的比重。

數學籃框（Math Hoops）是專為四到八年級學生設計的免費數學課程，在全美各校園、社區進行，並提供應用程式，透過結合實體與數位的籃球遊戲，培養學生在進高中前應有的數學能力，同時在遊戲中加強包括情緒控管、社交、執行力等技能。每年舉行數學籃球全球錦標賽，除了賽事獎勵，還提供學生與家人免費參加旅行參觀活動，但是要取得資格，學生需在計畫賽季中至少參加二十五場比賽，並完成十個課程單元，還必須在整個計畫中表現出進步、良好體育精神、克服課堂內外挑戰的能力。二〇二〇年聯盟評估了四千多名活動參與者，最終他們的數學能力提高了二八%，與統計和數據分析相關的技能則提高二一%，數學外的技能如領導力、毅力及韌性的提升可能性，也增加了三〇%。

助攻追蹤者（State Farm assist tracker），是在NBA賽季每場比賽中，球員每助攻一次，聯盟與合作夥伴州立農業保險公司（State Farm）就會捐

10 消弭不平等　5 性別平等

贈五美元，用於加強全美各地的ＳＴＥＭ學習。ＳＴＥＭ（科學Science、科技Technology、工程Engineering、數學Mathematics）是現今教育界最夯的新詞，因為在未來，知識本身可能不具價值，能將知識用於實證研究、整合資訊、解讀數據和創新思維，才是社會需要的人才。這項目不僅是表面的捐款價值，運動競賽本身就具備許多ＳＴＥＭ元素，如基本的計分、攻守數據、勝負機率都需要數學邏輯和解讀力。自二〇一五年活動開始至二〇二四年，捐款已經累積超過三百二十萬美元，影響了八十七個社區、一萬多名青少年。

還有特別針對英國青少年教育師資培力的ＮＢＡ教室（NBA in the Classroom）、向非洲國家實行提升生活技能及公衛教育的大前鋒（Power forward）青年發展計畫、美國農村體育教師培訓計畫，以及提供職能指導與帶薪實習，為資源匱乏社區與有色人種年輕人，創造公平競爭環境的都市聯盟（Urban Alliance）等等，從不同角度切入的教育支持。

ＮＢＡ是一群能捕大魚的富小子聯盟，NBA Cares則是集結這些財富，回饋社會助人脫離貧窮，分享魚肉給大家吃，也幫助更多人習得不同糧食的技能，真可說是富富得正的美好循環。

不為誰爭光，只為自己閃閃發光——中國信託慈善基金會「愛接棒」

在台灣，打棒球的孩子從小就被賦予許多責任，要為教練、學校與所屬城市爭光，要打進職棒為貧困家境點燃希望之光，要在國際舞台贏得獎杯成為台灣之光，但是脫去球衣後，自己的未來往往黯淡無光。雖說棒球是國球，國小階段參與棒球運動的學童，最終只有不到一％的人能站上職棒舞台。二〇一〇年起，加入職棒（含二軍）的球員近四百人，遭釋出球員近二百人，平均職業球齡約六年、平均年紀約三十歲左右；二〇一三年開放高中球員選秀後，二十歲出頭就失業更是大有人在。所以跟ＮＢＡ一樣，能靠打球脫貧的例子，實在是少數中的少數。

中國信託慈善基金會「點燃生命之火」長期關注兒少議題，其中二〇一四年推動的「愛接棒」計畫是以棒球為主軸，資助偏鄉中小學棒球隊。初始做了幾年後團隊發現，似乎犯了只給魚吃、沒教人釣魚的錯誤，而且職棒的門如此窄，真的該鼓勵孩子去抓魚嗎？沒有解決根本結構性的問題，捐錢只是無底洞，因此自二〇一七年開始，團隊與中正大學教育所合作研究計畫，找出資助學校的問題點並對症下藥，持續關注成效，滾動式修正計畫，將善款用在真正該發光之處。

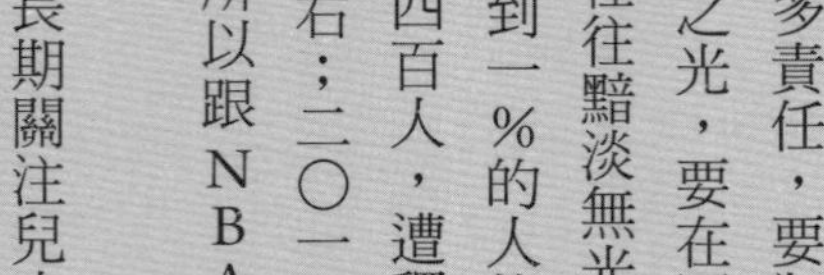

經研究結果發現，球員、家長、教練、導師四種角色交互影響，導致孩子沒有意識到打球與學業同等重要。球員多來自功能不彰的家庭，家長期望孩子能以棒球為家庭翻身，教練過度訓練球員、參與太多賽事，導師認為孩子只是教室的過客，而無心力協助補救課業，加上校方資源有限等因素，惡性循環成兩大面向的種種問題。

在球隊與生活方面，棒球是花費高的運動，有裝備、比賽交通膳宿費及教練鐘點費等各種需求。球員多來自單親、隔代教養、中低收入戶的弱勢家庭，住宿需求超過六成以上，孩子的食衣住行學校全要包。可是學校營養午餐外的早、晚餐及寒、暑假的供給來源匱乏，球隊宿舍也普遍軟硬體不足，缺乏舍監與夜間照顧人力，以致教練需兼任各種工作，長期面對工作量負荷過重問題。

在校學習方面，「不會讀書，就去打棒球」的舊有思維，以及台灣少棒要為國爭光的社會期待，還有弱勢家長盼望孩子得到職棒誘人簽約金，這些偏差觀念讓球員和教練皆將打球放在首位。小學生提早接受職業化的訓練，台灣大小杯賽全年逾五十場，每次比賽少則兩天、多則十天，平日訓練加上以賽代訓，犧牲大量上課時間，形成導師壓力，即使願意為學生補課，但課

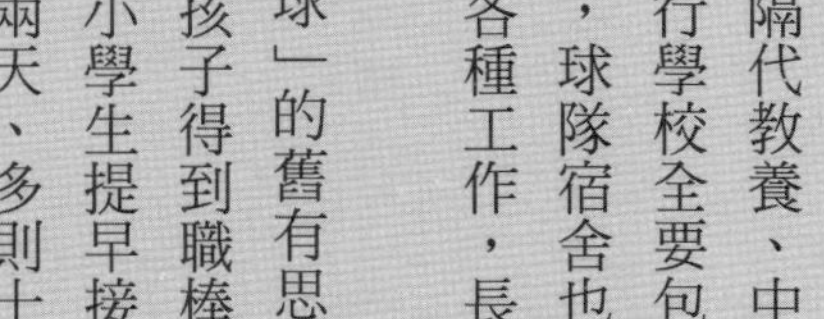

餘時間又會被教練要求拿來訓練，還有球隊中有許多非學區的學生，更會讓導師覺得力有未逮。兩方長期溝通不良，讓孩子學習進度近乎停擺，落差持續拉大最終只好放棄基本學力，走向打球是唯一的狹隘人生道路，喪失小學生多元探索與其他興趣培養的機會，貧窮不只限制了想像，是讓孩子對未來只有一種想像。

針對上述問題，除了提供球衣、球具等裝備，協助完善住宿環境、資助餐食補充，並連結集團法金客戶或企業家資源，如贊助中型交通車予棒球隊外出比賽、校內飲水設備優化與維護等等做法。愛接棒計畫將極大比例的經費，全放在能根本解決兩大面向問題的重要關鍵人身上。

首先是影響球隊與生活最深的教練，愛接棒提出「棒球教育」為核心，改變球隊追求的方向，不以比賽成績為考量，只要把弱勢、偏鄉孩子照顧好，學業與打球並重，就可以持續受到資助。並為每校皆全額補助一名全職教練，以專注穩定陪伴孩子，處理球隊相關行政工作，建立與校方夥伴關係。全職教練兩週就要回報一次，好讓球隊或學生有任何狀況都能即時得到協助，也配合中正大學研究團隊，追蹤孩子的學科與生活態度等表現，還有一年三次的經費運用報告，愛接棒團隊及志工也會不定期訪視，從多方管道觀察，如此嚴謹不是要求而是關注需求，希望能提供孩子正確有效的協助。許多球員穿上球衣就忘了自己是學生，團隊也提醒教練，學生球員是學校的一分子，不是球隊獨有，應減少訓練與賽事，除了盡量正常上課，學校活動也需參加，讓打棒球回歸為快樂的體育社團活動。

另一個重要關鍵人，是做課後輔導的老師，愛接棒補助鐘點費及媒材執行費，不提供統一教材，也不是教孩子抄完作業就了事，而是因地制宜請校方自行規劃如何做補救教學，因為每個學校的資源、老師量能、學生需求都不同。由中正大學研究團隊為各校做前後測，幫助老師知道學生程度在哪裡，並依能力分組指導，才能進行有效率的教學。老師需有教師證，不能由教練兼任，若是學校師資不足或代課老師居多，團隊也會協助校方培訓，必要時還會擔任與教練溝通的橋樑，切出平衡的訓練及課輔時間。每年持續追蹤孩子學業成績的進步幅度，以及相關自我評量，重點是要找出需補強的部分，並不是用來評估資助球隊的標準。

從內部關鍵人進行改善，愛接棒再結合外部資源加強。包含每學年由集團志工，為學校上理財課，除基礎的收入（如零用金、紅包、獎學金）與支出應用，也教導進入職場所需具備的觀念。再利用暑假期間，安排各球隊至集團職棒球隊中信兄弟的訓練基地，做類棒球營的移地訓練，融入多元教育。包含邀請不同領域專業人士分享，例如球探、防護員、球場養護、心理師、運動攝影等等；並導入國外的生活技巧訓練（Life skill training），委託臺大開發成適用於球隊的正向人際及生活能力訓練課程（Positive Interpersonal & Life Orientation Training, PILOT），由PILOT專業師資透過情境模擬，為球員及教練講授自我調適與溝通技巧，培養六大社會心理能力（工作、遊玩、思考、人際、服務、生活）與七項非認知能力（恆毅力、熱忱、感激、好奇心、社會智能、自我控制、樂觀），教練也需將可團隊練習的內容，帶回球隊在日常生活中落實，比方賽前賽後如何靜心、肌肉放鬆，或是教練指導時如何調整用語等等，幫助孩子發展出兼具技能與態度的棒球素養。這些內容都為了傳達若是喜愛棒球，打職棒不是唯一的選項，習得的素養，將來也可應用在任何職業別。再建立資助學校的交流平台，於每年十一月舉行中信杯全國棒球錦標賽，還安排中信兄弟職棒球員參加歡迎晚宴，並於明星賽時擔任兩隊客座教練，讓小球員能近距離與球星互動。亦邀請紙風車劇團演出反毒劇，在各方面強化孩子所需的正向價值觀。

愛接棒給予弱勢學童的扶助，是將重點放在幫助「幫助孩子的人」，以及教育「教育孩子的人」，只要校方有任何需要，團隊都盡可能協助，像是提供教練津貼用於進修、考證照，如上運動防護心理課、補足學歷、開交通車的駕照等等；指導老師們用棒球輔助教學，比方棒球每個環節都有數學，諸如從集合訓練時間學習看時鐘、計算攻守數據、壘包間距離，由於這些都可以應用在球隊生活，學生因此不再畏懼數學；或是從看比賽的影片教寫作文，學習陳述人事時地物，經過引導後，有許多孩子一張稿紙都不夠寫，還有人開始寫訓練日誌。當興趣可以與課業連結，打球與求學就不必二擇一，有樂趣的學習更能加速進步、增強信心。中正大學的研究報告，也可以讓教練、老師的調整有依據，當教練願意降低出賽，學生的各項能力表現就會跑出來，而學業和生活穩定了，也會回饋到戰績，有這些數據證明，雙方溝通就更順暢，即使是競技型的學校，也不再需要在成績與戰績中拔河。當家長知道校隊不只打球還會要求學業，就不再只有靠孩子打職棒翻轉家境的想法，還會主動擴散宣傳揪鄰里的孩子加入，對學校招生也是助益。甚至有看到孩子改變，家長跟著改變，進而改變一整個村子的例子。教練們則自稱是愛接棒家族，看到其他球隊有什麼需求，都會主動支援。

球員、家長、教練、導師，從原先的交互負面影響，逐漸轉變成正向的良性循環，產出了豐碩的成果。愛接棒計畫從一開始僅資助六支球隊，至二〇二四年每年長期資助近三十所少棒暨青少棒球隊，累積扶助逾六千五百名球員。團隊認為，既然要鼓勵教練降低參與賽事，就應從自身做起，所以二〇二四年中信杯，首度與暑期移地訓練合併舉辦。未來還計劃增加海外交流機會，讓孩子擴展國際視野。自二〇一七年導入研究調整計畫後，球員在知識與態度面的各項表現都有顯著提升，甚至出現體育班比一般生學業成績更好的模範學校，也已經有學生考上頂大，或是去非棒球為主的大學念體育外的科系。有人選擇未來能從事運動產業相關科系就讀，很多人進入大學的棒球隊，有人會回母校幫教練帶小朋友，用不同的方式延續對棒球的熱愛。當然還是有許多球員成為U12、U15國手，也有十位成功擠進職棒窄門，還有女生去日本打女子棒球。計畫所培育的孩子們開枝散葉，朝不同夢想前進，最重要的是，最近一次的調查，已經有五成以上學生不再只想打職棒，消除貧窮的視野，對於未來有各式各樣的想像，不再為誰爭光，只為自己閃閃發光。

消除貧窮目標

↗目標1．1在二〇三〇年前，消除世界各地的極端貧窮，目前的定義為每人每日生活費低於一．二五美元。

↗目標1．2在二〇三〇年前，根據世界各國人口統計數字，將各年齡層的男、女性及兒童的貧困人數比例至少減半。

↗目標1．3為所有人實施適合本國的社會保護制度和措施，包含最低標準的人，並能在二〇三〇年前，大幅範圍覆蓋窮人與弱勢族群。

↗目標1．4在二〇三〇年前，確保所有男、女性，特別是窮人與弱勢族群，享有經濟資源、基本服務，以及土地與其他形式的財產、繼承權、自然資源、科技與金融服務（包括小額信貸）的平等取得權。

↗目標1．5在二〇三〇年前，增強窮人與弱勢族群的災害抵禦能力，減少他們遭受極端氣候相關事件，以及其他社會、經濟與環境災害的風險。

↗目標1．a確保各種資源能夠大幅調動，包含透過加強發展合作，為開發中國家，尤其是最低度開發國家，提供充分且可預測的方法，以實施消除貧窮的計畫與政策。

↗目標1．b根據扶助貧窮與性別議題敏感國家的發展策略，在國家、區域和國際各層級建立健全的政策架構，以利加速消除貧窮的行動。

7 SDG② 終結飢餓

用運動終結餓勢力

球場食戰

收到贊助知名運動Podcast節目《台北市立棒球場》第五季回饋品，是一個可拆式球場座椅名片架，創意來自中職開打初期，激情球迷會將座椅拆下丟入場內的行為，勾起我陷入回憶的，是隨之附贈的雞腿便當與寶特瓶小模型。

我是老龍迷，當年通常多是領外野免費學生票，只有重要賽事才會將打工薪水用來購買內野票，職棒四年開幕賽龍象大戰，就是這種會讓我斥資的珍貴時刻。當時不知為何，沒法搶到味全這邊的票，明明永遠會滿座的象迷區反而剩有兩個空缺，年紀小不懂事沒在怕，把心一橫和同學先將票買到手再說，比賽當天更是好傻好天真，以為大男人不會跟小女生計較，膽敢穿著大紅色龍袍，坐在一片黃潮兄弟中。結果象迷不負「暴民」名號，整場比賽對我們這萬黃之中兩點紅，極盡訕笑謾罵之能事，進入看球模式時的我也不是弱女子，照樣大聲為龍隊加油，最後終於惹得後方象迷照

「往例」朝場內丟東西時，趁亂將寶特瓶扔到我身上，被K後的我就這樣心驚膽顫地看完整場球賽，日後在球場買飲料時都有PTSD。

雖然對寶特瓶有陰影，球場外小攤汾條伯賣的香腸則不可不吃，等待香腸烤熟空檔，一邊聞著撲鼻香氣，一邊期待撿飛出來的界外球，那是資深球迷記憶中最美好的滋味。台灣人愛吃，從過去僅有場外一些簡易小吃攤與球場內的便當飲料，到現在每座球場都有美食街，販售各式各樣餐飲，還有包廂訂餐服務、野餐區，桃園與天母球場甚至可以烤肉，台北大巨蛋更是餐廳林立。隨著球場食物的進化，我也從香腸配十元鋁箔包紅茶撐九局的窮學生，成為有經濟能力在球場大吃大喝的大人了。

台灣人喜歡戰家鄉美食，我常覺得正好職棒六隊主場在六都，應該在球場多賣些當地特色小吃，或是發展出專屬的必吃食物，像是美職的道奇熱狗、紅襪龍蝦堡、洛磯山生蠔、巨人隊蒜味薯條或是教士隊的精釀啤酒，又或是學習日職許多球隊都會推廣主場所在區域的農產品，也有結合當地食材的聯名料理。比拚戰績，也較量美食，應該會讓觀賽經驗更有趣，不過看完精彩球賽並享用完美味餐飲，一定要將餐具瓶罐帶走丟棄，並確實做好垃圾分類，更別拿來當作攻擊別人的武器啊！

終結飢餓目標：消除飢餓，實現糧食安全，改善營養並促進永續農業。

民以食為天，但是未來可能不再是快樂的戰美食，而是為求生存的糧食大戰。上帝一直供應足夠的糧食，只是人類自己造成分配不均，大半人吃不飽，大半人吃太飽。繼續這樣不公不義的吃下去，無論上帝、地球之母還是任何神明，都不會想再給予源源不絕的糧食，總有一天大家都沒得吃。食物取得能力與貧富差距高度相關，因此終結飢餓與消除貧窮目標是緊緊相連的，當有力與利的那一方願意出手，就有機會解決問題。

終結飢餓不僅僅是字面上的意思，想辦法餵飽所有人就好，就跟消除貧窮一樣，不能只是捐錢了事。從生產端的農業發展，糧食市場的公平機制，到食用端的營養與食安教育，以及不浪費食用、不過度取用觀念的建立，產地至餐桌都有正確作為，才得以達到永續。

運動與營養息息相關，是解決飢餓問題很好的切入點，以運動為媒介，透過擁有資源或具社會影響力的組織，推動與飢餓議題連結的計畫，讓運動創造的能力與利益，形成擊退餓勢力的戰鬥力來徹底「終結飢餓」。

共好最有利——美日職業球隊的糧食運動

發展成熟的職業運動聯盟，如美國的四大運動組織NBA、NFL、NHL與MLB，或是日本的NPB與J-League，皆具有相當驚人的產值，但是也比其他產業更需要將所得之利回饋於社會，不是做運動的都該很有善心，而是球隊需經營屬地所造成的必然性。消費品的銷售對象可以遍布全國，不會只賣給生產工廠所在地人民，但是職業運動的商品是球賽，當地居民是最主要票房來源，如果社區發展不好，球賽再好看，球迷根本沒錢買票進場也沒用。幫社會就是幫自己，所以這些聯盟不是成立非營利基金會，就是與大型慈善組織長期合作，各球隊也在所屬城市，推動不同的社會議題改善計劃，與城市共生共榮。

1. NFL美國美式足球聯盟底特律雄獅隊

受到歐日汽車工業與電車發展的雙重影響，美國汽車製造大城底特律，在二〇一三年宣告破產，經濟蕭條帶來一連串失業、物資缺乏、犯罪等問題。位於市中心的底特律雄獅美式足球隊，其經營者福特家族亦受工業衰退影響甚鉅，與城市一同陷入困境。因此他們決心投入城市振興，在二〇一四年推

出「雄獅為城市而活」計畫，球團資源有限不能大撒幣什麼都做，希望能從居民最需要的議題著手，所以他們先走進社區傾聽了解，最後決定聚焦在兒童健康與福祉，與糧食安全兩大議題上。吃飽吃好是民生基本所需，肚腹滿足了才有餘裕過休閒娛樂生活，是球隊能永續的首要條件。

球團找到許多與議題相關的組織合作，共同推動改善社區的健康與糧食需求。其中底特律公立學校的「底特律校園花園合作案」專案，是結合既有計畫與機構，藉由球團資源來優化，將學生、教師、社區成員與當地農業聯繫起來，讓他們能夠在學校與家中種植自用食材。球隊加入支持的方式，包含讓學生與球隊主廚學習烹飪、由球隊營養師教育如何健康飲食，或是提供零用金，讓他們每週二到底特律最大的公共食品中心——東方市場採買食物，還安排球星與孩子們共進午餐，宣導糧食安全觀念。

底特律還有另三種職業球隊，可是對城市居民而言，雄獅隊在社區關懷上做的最深入且實際在解決問題。所以即使球隊自一九五七年就沒有再拿過NFL超級杯冠軍，當地球迷仍對球隊極度忠誠。雄獅隊的明星跑衛雷吉·布希（Reggie Bush）就曾說過「我們全心投入這個城市，是因為我們需要球迷的程度，與球迷需要我們一樣多。」除了真實的食物，精彩的球賽還可以

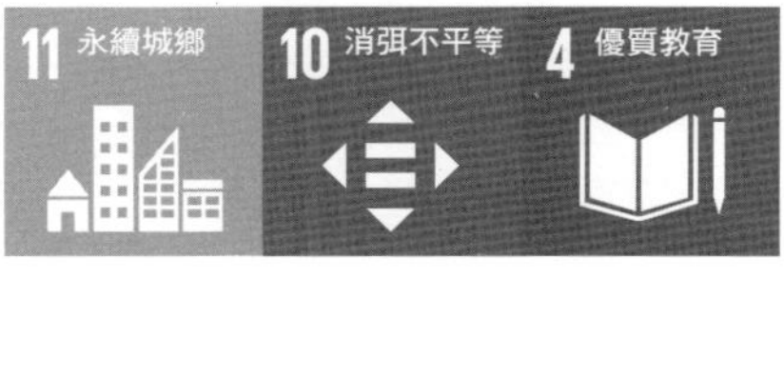

做為人們的精神食糧，以富足心靈戰勝困境，破產歷經十年後底特律已然重生，雄獅隊絕對有其功勞。

2. NPB日本職棒北海道日本火腿鬥士隊 & J-League日本足球聯盟北海道札幌岡薩多隊

日本北海道的天候及人口條件並不利於職業運動發展，以致在此地經營的棒足兩支球隊——日本火腿鬥士隊與札幌岡薩多隊，皆需努力深耕在地關係。北海道擁有全日本四分之一的農地，是供應全國糧食的重要基地，加上兩支球隊的母企業都是食品業，因此食農是與球隊最好的連結點，重視農業推廣與社會回饋，讓兩支球隊都非常在地化，運動與農業互相帶動發展，大大造福北海道市民。

鬥士隊在二〇一三年推出「一七九市町村應援大使」，每年從北海道一百七十九個市、町或村中，選出十八個地區，由兩名球員擔任當地的推廣大使，宣傳當地農產品，其肖像也供廣告無償使用；搭配夏季舉行的「我們愛北海道」活動，賽事期間在球場外展售這十八區的農產品。另外還有與北海道女青農組織LINKS合作的「農業女子戰鬥」專案，邀請農民與球隊營養師進行交流，利用當地食材為球員設計菜單，也在官網上公布食譜，並在球場販售這些食品。二〇一六年推出的「食品櫃台」則是由母企業日本火腿推出的CSR活動，以每場球賽觀眾人數做捐款基數，支持北海道的《自力更生支援之家》與《兒童食堂》組織。自力更生支援之家是為十五至二十歲因某種原因無法留在家裡而被迫工作的年輕人，提供住所、日常生活諮詢與就業輔導。兒童食堂則是串連社區餐飲店，讓有需求的孩子，可以找到能安全進入的免費或低價食堂，並舉辦兒童生活衛教、食安、烹飪等教學研習活動。

岡薩多隊則是早於二〇〇七年起，就與日本各地農民出資成立的協同組織JA集團北海道分部簽訂合作協議，以發展飲食教育與體育文化為目的，展開各種社會貢獻活動。在球隊主場做北海道農作物的慈善義賣，並將活動收益購買足球捐贈給兒童之家；由球員擔任美食親善大使，在北海道各地舉辦足球課程，同步進行食農教育與農業體驗，球員與學童一起享用自製的營養午餐，幫助孩子了解日常食用的食材，以及居住地區的農業；還有在球隊青少年球員宿舍的花園裡種植蔬菜，並於各大社群平台公開植物生長進度，讓球迷可以因好奇追蹤而更親近農業。

做孩子的有力人士——家扶基金會「兒少運動潛力助學與菁英培植方案」

台灣職棒球星張進德，出席家扶基金會募款記者會時曾說「謝謝家扶幫忙，讓我有飯吃、有球打」。有飯吃是基本人權，但對清貧家庭的孩子而言，是種奢求，先餵飽孩子，才能談未來。一九五〇年在台灣成立的《台灣兒童暨家庭扶助基金會》，長期關注兒少福祉，對於失親、家境困難、隔代教養等因素需照養的孩子，家扶認為收容並非最好方式，因此在各地成立家庭扶助中心，以資助認養、社工輔導等專業方法扶助家庭，讓孩童可以在自己家中順利健康成長，自立後能展翅飛翔。張進德五兄弟就是在家扶協助下長大後振翼高飛，有四兄弟都打職棒，大哥張進德還曾旅美進入小聯盟體系，老三張育成更是拚上大聯盟，在二〇二三經典賽中成為帶領台灣隊攻下場場精彩戰役的「國防部長」，並於二〇二四年返台，以突破中職最高薪資之姿，加入哥哥所在的富邦悍將隊一起打拚。

張家兄弟不是特例，包含林智勝、徐若熙等球星，受過家扶扶助的孩子可以組成一支職棒球隊；許多舉重、柔道、田徑、拳擊、射箭、射擊好手也都曾是家扶兒。長期從服務對象中發現，有許多孩子在運動方面特別有興趣與天賦，但朝運動發展需高成本的投資，家扶調查顯示有五成孩子自認具運

動天賦，卻有近三成礙於各種困境放棄走這條路，因為訓練裝備、比賽延伸出的交通食宿，每學期平均需二千到一萬二千元的費用，連飯都吃不飽了，怎有夢想可言。

為了讓孩子有均等公平發展機會，在職涯上有更多元的選擇，家扶長年推動的「無窮世代」計畫，除籌募助學金供孩子學習需求外，特別再於二〇一二年規劃「兒少運動潛力助學與菁英培植方案」，針對有不同專長的孩子，資助其發展興趣所需的額外經費，包含證照考試、語言檢定、公職考試、才藝學習、學位進修等，而兒少運動潛力助學特別被提出來，足可見需求度最高。

兒少運動潛力助學的目標，不是真的要培育國手或職業運動員，而是鼓勵孩童能無後顧之憂的多方探索。需扶助的孩子已經生而不平等，若再以競技能力衡量可得資源，反而是在創造不平等中的不平等。因此家扶雖有審查機制，多數是由第一線社工做判斷，而不是以成績表現評估。無論是參加運動社團、校隊或是國家代表隊，不管熱門或冷門運動都顯少退件，每申請一案，每個孩子就是多一個機會。金額超過十萬的個案才需面試，但通常這種孩子已經是走到最後一里路了，家扶都是抱以助攻與祝福的心情，努力尋求資源，例如多配對認養人，或是找企業贊助，還有透過運動品牌或球星如張育成、王建民所提供的獎助學金，來補足經費缺口。

孩童脫離扶助後能夠自立，是家扶基金會成立的宗旨，運動是一個好著力的管道，但並非要培養他們靠運動養家。因體育表現而能進大學，甚至被家扶資助送出國讀書，可以學習到對未來有幫助的科目，還能受到品格教育，人生路可以比較寬廣，也比較不會走歪。這個方案推出以來，已經補助數千名孩童，且申請案量逐年增加。因運動與日受重視的健康營養議題相關，許多食品及營養品品牌，皆主動提供保健品與食品、食材物資，成為資助經費外的助力。

更重要的是，關注運動對募款也很有幫助，運動的正向活力，讓需受資助的孩童充滿希望不悲情，讓人們更樂於出一份力。正如家扶在疫情期間推出廣告所傳遞的訊息，弱勢家庭因疫情而更加艱辛，然而愛運動的弱勢孩子從未停止出力，當自己有能力付出，做孩子的有力人士，也可以從中獲得面對生命的力量。

終結飢餓目標

↗目標2．1在二〇三〇年前消除飢餓，並確保所有人，特別是窮人與弱勢族群（包括嬰兒），全年都能獲得安全、營養且充足的糧食。

↗目標2．2在二〇三〇年前，消除一切形式的營養不良，包括在二〇二五年前實現國際議定關於五歲以下兒童發育遲緩的目標，並解決少女、孕婦、哺乳期婦女及老年人的營養需求。

↗目標2．3在二〇三〇年前，讓農民能安全、平等地獲得土地、生產資源、知識、金融服務、增值以及非農業就業市場的機會。

↗目標2．4在二〇三〇年前，確保可持續性的糧食生產系統，並實施有彈性的農業作法，提高產能及生產力，幫助維護生態系統，增強適應氣候變遷、極端氣候、乾旱、洪水與其他災害的能力，並逐步改善土地與土壤品質。

↗目標2．5在二〇二〇年前，維持種子、栽培植物、家畜及與其相關的物種多樣性，透過區域、國家，及國際間合作，妥善管理多樣化的種子與植物銀行，依照國際議定促進取得種子與植物的公平、公正性，互惠分享基因資源的運用與有關傳統知識。

↗目標2．a增加農村基礎建設、農業研究、推廣服務、技術開發以及植物與家畜基因庫的投資，透過加強國際合作，以改善開發中國家，特別是最不發達國家的農業生產力。

↗目標2．b依據杜哈發展議程，矯正及預防全球農產品市場的交易限制與扭曲，同時消除一切形式的農產品出口補助及產生同等影響的所有出口措施。

↗目標2．c採取措施確保食品與衍生品的市場正常運作，並促進及時獲取市場資訊，包含儲糧訊息，以幫助限制糧食價格的極端波動。

8

SDG③健康與福祉
有運動，心會跳動與感動

台灣隊，從心登上世界第一

二〇二四年十一月二十四日是台灣的國慶日（原稱全國棒球迷感動同慶日），這一天，台灣隊在世界棒球十二強賽冠軍戰中，以四比〇完封國際賽事已二十七連勝、十五年沒被完封過的日本隊，拿下全球冠軍。當夜，我與許多人一樣都睡不著覺，社群貼文皆以「有生之年」、「不敢相信像做夢」、「PTSD被治癒」等詞彙，來傳達這個冠軍是盼了多久、意義多麼重大的珍稀至寶。新聞報導、媒體社群出現各種台灣隊創下的歷史、選手的動人故事、不為一日球迷所知的回顧文章，我就不再錦上添花，來聊聊較少人談到的「心」發現。

早在前一年第五屆世界棒球經典賽結束後，我將心發現寫在《聯合報》青春名人堂專欄，篇名為〈下一戰經典，從心多贏一點點〉，本期待在下一屆經典賽印證，沒想到提早到十二強就喜見驚人成果。當年台灣隊雖以分組墊底坐收，其實賽事內容非常優異，有些人認為這批國家代表隊是史上最強台灣隊，但看了三十餘年台灣隊征戰各大國際賽事的我，卻覺得他們最強的是心臟。

旅外球員常年要與國際好手同台競技，抗壓力自然較強，而且美職有專業完整的心理教練（Mental Coach）系統，心理能力也會被鍛練。像是年紀倒數第二小但表現非常突出的鄭宗哲曾談到，他在小聯盟打拚遇到低潮時，是靠心理教練的幫助才順利克服。而本土球員心理狀態特別穩定的江坤宇、李振昌、吳哲源與呂彥青，都來自有心理諮詢老師的中信兄弟隊。中信兄弟二〇一六年起，在一、二軍各安排一位運動心理諮詢老師常駐，此後連年打進台灣大賽，並在二〇二二年拿下二連霸，而二〇一八年加入的洪紫峯，正好也是經典賽的隨隊老師。簡言之，我認為若能加強運動心理的幫助，台灣隊贏面會更大，因為常言道，運動競技能走到國際舞台，技術都有一定的水準，最後比的都是心理素質。

該篇文章的結語：「好想看到下一次的經典賽，台灣隊各個守備位置遇到危機都能心如止水，當投手最強後盾；棒棒打者面對一六〇火球，皆可輕鬆展露張育成式微笑，不追壞球緊抓好球砲彈連發；投手群不分先中後全能勇於對決列國強棒，上演K功好戲威震四方。」很快地，夢想畫面就在隔年十二強成真。

十二強陣容與經典賽相反，徵召不順，許多王牌因傷未進，原經典賽人馬只有幾位，還有一群沒打過國際賽的年輕菜鳥，戰力被外媒評為倒數第二，連自家棒協理事長也說打擊只有三流水準，堪稱史上最弱台灣隊。也許完全不被看好，反而少了心理壓力，面對強敵都敢放開來打，首戰面對一直「好想贏」(表示很難贏)的韓國，不是長打型的陳晨威，居然敲出一支驚天滿貫砲，接著季賽低潮也不是巨砲的隊長陳傑憲，再追發兩分彈，開啟了一個「我也可以」的心理效應，之後台灣隊場場開轟，而且全不是強棒打出來的。最驚奇的是守備固若金湯但打擊能力只是槍管等級的小可愛江坤宇，在對多明尼加一戰轟出全壘打後變成小可怕，之後的比賽經常打出關鍵一擊，棒次一路調到第六。在多明尼加賽後記者會時，除了感謝教練與隊友，他特別說了一句「還要謝謝峯哥，跟他聊了很多，整個把我拉起來」，當時不熟悉的球迷與記者，還以為他指的是這次並不在教練團內的「鋒哥」陳金鋒，其實正是他熟悉的諮詢老師洪紫峯。

投手群的心理素質更是強大無比，大家一致歸功心靈捕手林家正的引導，他會告訴投手：你很棒、你有什麼球路優勢、對手打不到、大膽進攻不要怕……，搭配肢體語言的鼓勵，給足自信心和安定感，讓投手相信自己可以。心理覺得可以，身體就真的能做到，信心累積倍增，表現超乎平時水準。就算狀況不好或被打爆，走下投手丘仍會有教練與隊友接住，也不至崩盤。還有很少人注意到，每次投手被換下來，休息室裡有一位女生，總會在第一時間前去關切，她是此次台灣隊的運動心理諮詢老師彭涵妮。樂天桃猿隊的前身Lamigo，是台灣首支引進運動心理諮詢老師的球隊，彭涵妮隨隊五年間球隊就贏得三座總冠軍，後來到國體大任教，近年則協助味全龍隊，成軍第三年即拿到總冠軍，與洪紫峰都是在棒球領域經驗豐富的老師。台灣隊長每次賽後都會聚集隊友，跳舞慶祝喊話鼓勵，營造很好的團結氛圍，就是來自彭涵妮的建議。賽前練球，她也會要球員圍成一圈，各自聊聊心裡想說的話，此支台灣隊向心力超強，我認為彭涵妮老師絕對是選手心理強度全面提升的隱形功臣。

這次情蒐團隊與智慧型發球機等運動科學的助攻都被大肆傳揚，這些當然非常重要，但我認為沒有心靈的加持，再好的策略與技術都無法化為實質的能力發揮出來。運動心理也是運動科學，只是心理素質對選手表現的影響程度不易評估，所幸這次有多位教練、選手都感謝了心理諮詢老師，希望台灣隊超乎預期的表現，能讓更多人看到發展運動心理的重要。

台灣隊長陳傑憲曾告訴隊友，即使不被看好，心凝聚在一起，也能前進東京。沒想到不只到東京，還登上了世界第一。台灣隊也不只團結自己，更團結了全台灣人的心，讓每個人都相信自己可以，在不同的領域成為世界第一。

健康與福祉目標：確保健康生活並促進各年齡層的福祉。

聯合國預估到二〇三〇年，全球高齡人口將達近十億，占全球總人數十分之一以上，台灣更在二〇二五年正式進入超高齡社會，人活得久不是問題，但沒有健康活得久會是國安問題，如何健康老去是人人需正視的議題。運動有益身心健康無須多言，政府從一九九七年開始陸續以「陽光健身計畫」、「打造運動島計畫」、「運動 i 台灣」等政策計畫，各縣市廣設運動中心、蓋場館、辦理運動賽事活動，都是在推動全民運動、迎向健康人生。順應 E S G 趨勢，體育署發展「運動企業認證」，結合企業的影響力，讓運動成為員工福利，自然融入生活，現在很多企業有運動社團、固定舉辦家庭運動日，或是愛爬山、跑步、騎自行車的老闆，帶著全公司一起瘋運動，也助長了運動熱潮。

除此之外，我認為最能帶動全民運動風氣的，非運動員莫屬，因此運動員的身心健康至關重要。身體健康才能維持、增強競技能力，還要知道如何防止受傷，受傷了要能回復，以及平時的營養管理、體能訓練都要注意。心理健康更有決定性的影響，有足夠的抗壓力、恆毅力，才能去應付照顧身體健康所需的一切。

當運動選手身心健康，成績表現好，不但能激勵人心，也會引起人們想運動的心。譬如只要有台灣選手在國際賽奪牌，總是能團結全國人民，而且該項運動通常會成為基層學習大熱門。當運動選手身心不健康，若是願意勇於發聲促使改變，同樣可以引起社會正視問題，從而提出解方，也能讓一般人感到不孤單，得到前進的力量。譬如某些傳統訓練方式，會殘害運動員的身體、縮減運動生命，因此現在有越來越多運動科學研究，試圖幫助教練、選手做更有效率的訓練。或是近年由美國體操天后拜爾絲（Simone Biles）、游泳名將菲爾普斯（Michael Phelps）、網球球后大坂直美等頂尖運動選手，所帶起的運動員心理健康議題，隨著拜爾絲退出東奧接受長期心理治療，在巴黎奧運強勢回歸勇奪三金一銀後，運動心理的重要性與成效更被證實。

我們的心臟會因運動而健康跳動，也會因運動帶來心靈的感動，台灣成功設立運動部後，在政策、制度面能更有資源和力量，相信對運動選手以至全國人民的「健康與福祉」，都會有正向的助益。

科學的事業就是為人民服務——台灣運動科學發展

思想家托爾斯泰曾說「科學的事業就是為人民服務」，科技讓人們的生活進步，運動與生活息息相關，科學理該為運動服務。世界的體育大國早已擁抱科學，結合科學領域的各種知識，應用到提升運動表現上。有科技之島美名的台灣，運科之路卻較晚展開，始自一九九八年曼谷亞運成立運科小組，但一直是為大型國際賽事備戰而設的臨時組織，真正茁壯是在近十年，二〇一五年國家訓練中心轉行政法人，台灣的運科研究與應用才有了常設單位，並在二〇一七年台北世大運、二〇一八年雅加達亞運漸見成效。二〇一八年由科技部（現國科會）推動的「精準運動科學研究專案計畫」（簡稱精準運科），配合國訓中心「黃金計畫」培育選手的實戰應用，在東京奧運取得空前佳績，使得運動科學更受重視。行政院於二〇二一年決議執行「台灣運動×科技行動計畫」，啟動五大部會提出五年計畫，以科技提升競技運動能力，引領全民運動風潮，進而讓運動傳統、新創產業數位轉型，讓台灣走向運科時代。在此願景下，精準運科和黃金計畫為備戰巴黎奧運，趁勝追擊推出二期與2.0版，並促成了二〇二三年「國家運動科學中心」的成立。未來，

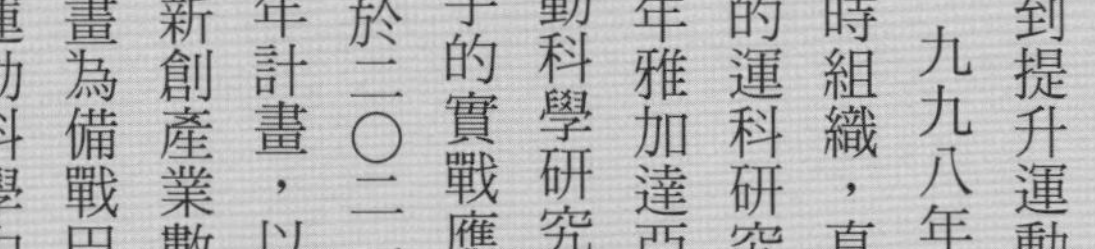

國訓中心、運科中心以及國家運動產業發展中心，將設立於運動部之下，整合產官學研的專業，共同執行競技運動人才培育及運動科學研究與應用。

運動科學包含運動的醫學、力學、科技、生理、心理、體能訓練、防護、物理治療、營養等多樣專業領域，精準運科一、二期共二十項研究專案，就是綜合應用各項知識，針對不同運動特性，幫助選手提升技能、預防受傷、加速傷後恢復、增進訓練效率、強化情蒐等需求。

科技偵測監控可化為教練與選手的另一雙眼睛，提供最客觀的視角，讓教練的經驗、選手的感覺這些主觀感受，有精密圖像、量化數據做判斷依據。「舉重女神」郭婞淳的教練林敬能，很早就願意善用運科輔助教學，平時藉著北市大運科團隊研發的智慧舉重訓練鏡，回放選手舉重時骨架、手肘、膝蓋關節角度數據，來指導修正動作技巧；東京奧運期間，也透過ＡＩ教練系統分析轉播畫面，即時取得郭婞淳現場的表現資訊，應變作戰策略。同樣擁抱科技的還有「拳擊女王」陳念琴與教練柯文明，攻讀清大運科所的陳念琴，跟學校運科中心配合研究情蒐標記系統、虛擬教練等智能工具，結合教練與自身經驗提升戰力；在打拳擊世界區資格賽時，遇到生涯完全沒對戰過的選手，就是靠著情蒐輕鬆克敵取得巴黎奧運門票；這些運科技術更是領先

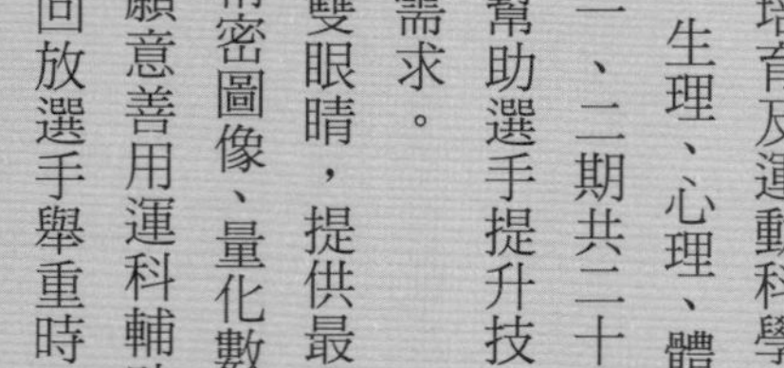

各國，在巴黎奧運比賽期間，陳念琴在場邊讀取資料時，還引來其他選手教練好奇圍觀，讓她非常驕傲。游泳也是不容易看到動作問題的運動，成大運科團隊的多元感測泳池，全水道記錄影像分析，可以清楚呈現細節，比方有教練就是透過影像，才終於知道為何選手每次翻身就會落秒。體操因速度過快也難抓到些微瑕疵，但這項主觀評判的競技就是在比極小的差異，臺師大開發的即時分析系統，就能助教練與選手有效糾正姿勢。

科技不只提升技術，也有益身體健康，因為訓練效率與品質變好，能大幅改善疲勞、受傷的機率。精確找出自己與對手的優缺點，就只要專注弱點重複訓練、針對優點加強，重質不重量。有數據證明而不是單靠感覺，也有助提升對強處的自信心、對劣勢也不再懼怕。成大運科與後甲國中合作的智能羽球學院，其中一個分析系統，能找出選手的防守弱區，利用自動發球機重複發到需鍛練的空檔，更精準也減少等待教練協助對打的時間。ＡＩ教練在清大運科的棒球智慧打擊訓練有類似功用，依打者身高設定好球帶，用自動餵球機代替教練，將球準確投入需強化的九宮格區域。不同運動、不同選手習慣使用的肌群不同，無論是臺師大研究的體操、臺體大對棒球選手的３Ｄ人體姿態辨識與超音波掃描、臺體大桌球團隊為一般及身障選手的運動傷害評估系統、北市大的精準舉重，還有成大、屏科大和輔大等校共同執行的自行車選訓研究。另外有專精投入女性運動領域，中央大學是針對女足選手做生心理、傷害及表現的衡鑑研究；臺科大則是觀測女子鐵人三項選手，中樞與周邊疲勞及生理期等影響；以及在精準運科計畫之前就已在射箭項目上耕耘十年的國體大，都有針對肌肉、神經、韌帶等運動生理、力學等學科範疇的監測，能幫助教練擬定完善的訓練菜單，選手也更懂得保護身體、避免受傷。

受傷在所難免，在復健過程中持續訓練，又不讓傷勢惡化，也能靠運科幫忙。有「台灣貓王」之稱的體操單槓選手唐嘉鴻，在備戰巴黎奧運期間受傷，幸得國家隊隊醫林瀛洲帶領的醫療團隊，快速為他手術處理精準醫療，翁士航教練與團隊搭配科學監控掌握復原狀況，維持上半身的訓練，助他奇蹟即時傷癒重返賽場奪下銅牌。運科涵蓋領域包羅萬象，不一定全仰賴複雜困難的ＡＩ技術，比方巴黎帕運羽球選手蔡奕琳，身體因素難取得合腳的鞋，只能將就兒童鞋款或是加鞋墊，運科中心就與業者合作，量腳訂製羽球鞋，讓她得以舒適安全的出賽。還有運動選手最重要的體能訓練，「羽球一姊」戴資穎東奧時在社群媒體秀出腹肌的「炫腹照」，驚動不少網友，這來自國訓運科團隊的長期訓練，由營養師、體能師用科學化的方法提供飲食及訓練菜單，讓原本不愛做重訓的肉雞小戴，進化成精實的世界球后。

心理與身體同樣重要，近年運動員心理健康漸受重視，二〇二四年國際奧委會特別增設福祉官（Welfare officer）員額，以維護選手的身心福祉。目前台灣唯一取得認證的，是前跆拳道金牌國手陳怡安，在巴黎奧運期間，她擔任奧會的安全運動協調員（IOC safeguarding officer）與運動心理諮詢老師何婉禎、心理諮商師馮莉婷，共組福祉協調員團隊，成立平台接收通報，並在賽事期間穿梭於訓練場、賽場或採訪區等處，陪伴與察覺選手的身心需求，例如受傷思考要不要棄賽、壓力太大需排解、遇到不公審判影響表現、媒體採訪不當等等問題，發生任何狀況，福祉協調員都需盡速找到合適人員協助。這個角色在林郁婷遇到性別爭議事件時，即發揮了作用，當時陳怡安與國際奧會安全運動部門人員，以及拳擊賽場負責人迅速建立團隊，與曾自強教練時刻保持聯絡給予協助，並努力降低社群媒體惡意言論及外媒不實報導的干擾，也取得額外許可證進入賽場就近確保賽事流程及動線安全。有教練在旁支持鼓勵，加上林郁婷強大的內心，任何紛擾都不受影響，林郁婷唯獨在意家人，因此福祉協調員也隨時確認家人狀況，讓她再無後顧之憂，

「拳」力為台灣爭得一面意義非凡的金牌。

奧委會推動福祉官認證，不只為短期賽制需要，更是希望各國單項運動協會都能有這樣的編制，當發生選訓不公、教練霸凌、性騷擾、媒體社群公審等影響選手心理健康的事件，若有福祉官居中協調就能保護選手。台灣的運動協會大多資源不足，有時候還常是殘害選手的始作俑者，幾乎不可能願意配置福祉官，而且能取得認證的人才也實在有限。不要說新興的福祉官角色，台灣的運動心理諮詢老師就十分缺乏，運動心理應該是台灣運科發展最弱的一環。

與技術研發一樣，運動心理必須長時間觀察、溝通，累積經驗值，而且諮詢成效難以具象佐證，更需要花時間取得選手信任，運動心理與一般心理也很不同，懂得競技的本質與運動生態才能理解選手需求。然而追求挑戰心理極限的選手不易示弱，通常不願承認心理出狀況，排斥選手接受心理諮詢的教練亦大有人在，認為諮詢老師不懂運動、聊聊天能有什麼幫助，比起可以拿出數據、影像的其他運科工作更難說服，還有教練常是選手的壓力源，當然不樂見諮詢介入。而且心理涉及隱私，基於職業道德，老師不可能透露個案成效，除非有受益的選手主動分享。

沒有口碑績效就沒人願聘顧，沒有職缺就難以累積實務經驗，除非身在有許多學生運動員的學校，且具備心理學背景，還要對運動心理有熱忱的老師，才可能培養出紮實專業，但機率實在太低。導致全台有證照的運動心理諮詢老師不到百人，全職寥寥可數，國訓及運科中心的專任配比也嚴重不足，國際賽若資源有限必定最先被捨棄，像是現在幾乎每位選手都配有一名防護員，但運動心理諮詢老師可能一個人要顧全部。最有機會培育人才的方式，是從較有資源的職業運動開始，比方當年Lamigo首度聘請運動心理諮詢老師，有好戰績背書，使得如今幾乎每支球隊都引入了運動心理，但是量能仍偏低，比起美國職棒一支球隊就有多位心理教練，還是有巨大落差。

除了職業球隊，台灣目前還有少數職業高爾夫、網球選手有能力找運動心理諮詢老師，雖然為數不多，但已逐漸在改變社會對運動心理是「心理有問題才需要」的認知，而是「心理素質也是選手需鍛練的能力」。世界十二強組訓時，曾豪駒總教練要求要找他在Lamigo時期即合作過的彭涵妮老師，就是因為知道心理對戰力的重要影響。彭涵妮老師分享，一支球隊的心理訓練從春訓就要開始，先為選手做專注力、自信度、抗壓性等心理狀況檢測，讓他們更了解自己，個別諮詢外，也要安排團體課程，比方呼吸、正念、團隊凝聚力等訓練，儲存內在能量，以面對一整季的高強度訓練、比賽，還有來自自我、教練、社會各方面的壓力，或是傷病、瓶頸低潮帶來的挫折，賽時臨場突發狀況等。賽季期間老師要隨時待命提供諮詢，也要主動觀察選手的比賽狀況，時不時關心協助，若整體戰績持續低迷，還需安排團體課程補強心理層面問題。其實心理諮詢老師更像是教練團的一員，球隊有總教練、投手教練、打擊教練等專業分工，心理技術就該交由「心理教練」。老師還可以與其他教練做類似黑臉白臉的角色，選手不能抱怨教練或在他面前示弱，但可以向老師倒垃圾、排解負面情緒，老師又能以專業客觀的角度，解讀教練背後的真意給選手，做雙方溝通的橋樑。而像十二強這種短期杯賽的操作又很不一樣，教練、選手來自不同球隊，合作期短，賽季後選手又都很疲累，不能花時間上課，而是要以遊戲、聊天、聚餐等輕鬆的方式，快速拉近信任關係與凝聚力，每個人接受國家徵召的目的不一定相同，團體活動也可幫助彼此建立一致的目標。

除了可以提升戰力，以預防勝於治療的觀念來看運動心理，也較容易讓教練與選手接受運動心理輔助。經常擔任國家隊運動心理諮詢老師的莊艷惠教授分享，她會幫助選手在賽前做心理設定，設計情境腳本，或給予定海神針的一句話，對抗負面想法產生，與其急就章諮詢，不如預先做足準備。巴黎奧運賽前，運科中心就是利用蒐集、分析各項運動的教練與選手容易碰到的心理狀況，提供選手「運動心理錦囊妙計」備用。此外，生理與心理會交互影響，從生理面照顧心理健康也是好方法，比方在國外比賽會遇到時差、溫差、生理期紊亂，而造成失眠、身體不適甚或生病影響情緒；食物吃不慣、想念家鄉味，對需保持體能，尤其是有量級需體重管理的選手都是極大的困擾，據說台灣選手在歐洲賽事通常表現不好，飲食文化差異是可能的原因之一。巴黎奧運是台灣投入運科後勤的歷屆之最，除了情蒐、防護、物治、福祉聯絡員的保護，生活細節也盡力照顧，比方提供調時差的睡眠與營養攝取管理的詳盡攻略，並針對不同選手給予個人化建議；還在巴黎市區租設物理治療診所與運動中心，以及大受好評的膳食中繼站。與台灣在倫敦有據點的食品業者合作（肉食無法自台空運入境），每天準備熱騰騰的滷肉飯、排骨、牛肉麵等台灣美食，為預防台式料理常有的漢藥滷包會誤觸禁藥，以及油膩食物的不良影響，食材皆與營養師討論過，廠商也貼心另開生產線專門製作，讓國手們吃得安心又開心。

台灣發展運科仍有不少障礙待克服，首先科學與運動最困難的部分在轉譯，各項運動專業大不同，不可能找到懂所有運動還兼具科學能力的全才，來自各領域專家的知識，需借重教練的經驗解讀給選手，以及選手實際操作的回饋，不斷溝通修正、長時間累積資料庫，多方合作才能臻至完美。但還是有教練不信任科學，或是沒有轉譯能力，以及選手太忙難以配合、想隱藏傷病、心理狀況、保護個資等問題。再者，科學端的人才也是一大難題，具相關能力的專家，多有更好薪資條件的工作，需有熱情才願投入還在萌芽階段的運科研究。最後就是運科需要時間堆疊，台灣在國際間起步落後，加上科技日新月益，研究需與時俱進並更有創見才能加速追趕。即使充滿挑戰，但攸關全民的健康與福祉，台灣推動運科仍勢在必行。

所幸政府投入資源，相關計畫有了深具專業的學者參與；國際賽事也看到成效，漸漸轉變教練與選手的觀念；還有產業界嗅聞到商機，參與開發技術商轉的可能。另外就是研究團隊體認到向上拔尖前，要先向下扎根，若找不到頂尖選手配合研究，轉而找學校校隊、健身房、運動中心來參與，不但可以厚實基層，累積更大資料庫，還能達到讓運科普及服務全民的目標。因此精準運科從一期以競技為主，到二期朝能落地應用邁進，包含桌球智能球拍已獲國際桌總採用，還賣到英國國家隊；智能羽球鞋申請專利準備上市，感測數據分析系統也進駐羽球館測試；現在全民流行的運動中心、健身房、拳擊館，有舉重腰帶朝重訓使用開發，還有智慧拳擊手套、沙包等等。臺體大運科團隊從與學校校隊合作，進軍到職業的味全龍隊，助多數為年輕沒經驗的球員，以科技快速精進投打能力，回歸第三年就勇奪總冠軍；韓國職業球隊來台春訓時看到這套分析訓練系統，還想向團隊研議租用；3D人體姿態辨識系統，不但能協助選手修正姿勢、預防受傷，還能建模成公仔，變成周邊商品銷售。考量到觀賞性運動在產業的重要性，成大其中一個運科團隊，是以企業排球來研發3D影像融合直播平台，提升觀眾觀賽體驗，也將延伸與台鋼的職業棒、籃球隊合作。

二〇二二年國科會再推動「擴大運動科學研究能量與成果橋接計畫」（簡稱運科擴能計畫），加速運科走入日常生活並連結產業鏈，行銷MIT到國際。諸如讓室內騎乘自行車者，透過AR技術沉浸體驗真實車道的「自行車石門水庫虛擬路線開發」；能記錄登山路線、減碳量、查詢天氣等健行專屬的智慧平台「悠優森呼吸APP」；二〇二四年富邦悍將棒球隊於熱身賽使用的「Sport Fun題——運動賽事OTT在串流與AI智能自主轉播技術」，只要四支攝影機上傳雲端就能轉播賽事，在自媒體當道年代，可以擴大社區、校際賽事自行傳播的能力；以及國際合作的日本富士通「體操評分支援系統」、ＡＩＴ「足球女孩計畫」等等多項橋接成功專案。團隊也利用巴黎奧運的機會至現場布展，並與二〇二五年雙北世壯運合作，讓世界看見台灣。

「強國必先強種，強種必先強身」，運動科學能從競技選手到基層體育再到全民運動，全方位提升台灣人的身心健康，人民有幸福力，國家就有競爭力。

健康與福祉目標

↗目標3．1在二〇三〇年前，全球孕產婦死產率降至每十萬七十例以下。

↗目標3．2在二〇三〇年前，將新生兒死亡率降至每一千名活產兒十二例以下、五歲以下兒童死亡率降至每一千名二十五例以下。

↗目標3．3在二〇三〇年前，消除愛滋病、肺結核、瘧疾以及受忽視的熱帶性疾病的流行，並防治肝炎、水傳染性疾病及其他傳染病。

↗目標3．4在二〇三〇年前，透過預防與治療促進心理健康與福址，將非傳染性疾病導致的未成年死亡數減少三分之一。

↗目標3．5強化藥物濫用的預防與治療，包含麻醉藥品濫用及酗酒。

↗目標3．6在二〇二〇年前，全球交通事故死傷人數減少一半。

↗目標3．7在二〇三〇年前，確保性健康與生殖健康保健服務的普遍取得性，包含計畫生育、資訊與教育，並將生殖醫療保健納入國家策略與計畫。

↗目標3．8實現全民醫療保健覆蓋，包含財務風險保護、優質基本醫療保健服務，以及所有人都可取得安全、有效、優質、可負擔的基本藥物與疫苗。

↗目標3．9二〇三〇年前，大幅減少死於危險化學物質以及空氣、水、土壤與其他污染的死亡、患病人數。

↗目標3．a酌情在所有國家加強《世界衛生組織菸草控制框架公約》的實施。

↗目標3．b依據《與貿易有關的智慧財產權協定》與《公共衛生杜哈宣言》，支援對主要影響開發中國家傳染及非傳染性疾病的疫苗及醫藥研發，並提供可負擔的基本藥物與疫苗；確認開發中國家有權利使用《與貿易有關的智慧財產權協定》中關於保護公眾健康的靈活性規定，特別是為所有人提供獲得醫藥的管道。

↗目標3．c大幅增加開發中國家，特別是最不發達國家與小島國家的醫療保健籌資及醫療人力的招募、發展、培訓和留任。

↗目標3．d加強所有國家，特別是開發中國家的健康預警、風險減少、國家與全球健康風險管理能力。

9

SDG④優質教育
體育是五育的核心

四肢發達的頭腦都不簡單

台灣游泳女子五十公尺自由式、五十公尺蝶式雙項全國紀錄保持人——黃渼茜，是我運動管理研究所同學，也是我常拿來說嘴的驕傲。雖說是同學，我們其實差了二十來歲，渼茜算與我女兒同輩，愛沾光的我擅自將她視為家人，對外都說她是「我們家渼茜」。我們家渼茜又連霸了、我們家渼茜又打破自己創的全國紀錄了、我們家渼茜又代表台灣出國比賽了，她就是會讓人想到處誇耀的「別人家的孩子」。

媒體稱渼茜是學霸博士泳將，這頭銜與她在泳池中創的紀錄一樣貨真價實。我與渼茜師出同門（同指導教授），完整見證她攻讀碩士的辛苦歷程，紮實取得碩士學位的同時，泳技仍能維持頂尖水準。從國小愛上游泳，高中體保到沒有體育班的北一女，必須與一群資優生平等學習，一直過著學術兼顧的生活，優異競技成績又帶她進臺大，還是超硬的生工系，但她仍四年畢業並繼續在臺大攻讀研究所，還從理工科跳到社科，一樣準時畢業，後又到師大拚博士，二〇二五年因受聘為臺灣大學體育老師而暫休學。

還記得她得知入選東京奧運那一刻（是的，我們家渼茜是東奧成員），同學們是一起和她在課堂上聽到好消息，大家都與有榮焉。每當有人問渼茜怎麼做到的？她總謙虛歸功於學校、師長和同學的幫助，但我覺得正因她是優秀的運動員，才可以把書讀得好。

與渼茜同窗兩年，除非有比賽她從不缺課，每次分組做報告，也不會用要訓練當藉口，一定參與討論並認真完成自己應做的部分。她時常利用下課時間趴在桌上補眠，包包裡除了筆電課本，總是會有泳具，不是上課前就是下課後去訓練。我與渼茜是班上唯二做質性研究，且都選擇做訪談，光整理一人次的逐字稿就得聽打上萬字（她共訪了四十三名！），所以我們常彼此訴苦打氣，但每次哀嚎完，渼茜總能展現運動員的強大抗壓力，笑笑地騎腳踏車前往訓練的泳池。

我從渼茜身上看到，優秀運動員必定自律，能做到訓練不缺席，就做得到上學不蹺課；能面對枯燥單調的訓練，再艱澀難懂的教科書也能征服；要維持健康體能得有正常的飲食作息，就要做好時間管理，還有拒絕美食享樂與對抗惰性的耐受力；習慣團隊合作，就不會是分組作業的老鼠屎。在運動場上，技術相仿時，往往是靠心態與腦袋決勝負，越頂尖的運動員越冷靜聰明。

會運動又會讀書的例子還很多，曾是HBL球員的運動商管顧問林昉蓉，與多數體保生一樣，被迫以訓練取代課業，大學時英文只有ABC程度。但是當她決定出國留學，立刻發揮運動員精神，苦讀一年語言就申請上紐約大學。我想這就是為什麼常在國際征戰或旅外的職業運動員，明明成長環境沒太多時間學習語言，但多數都能說一口流利外文的原因。我與渼茜的指導教授康正男老師，曾是棒球國手，轉戰學界後成為臺大教授教書做研究，也曾管理體育場館，還擔任臺大棒球隊總教練近三十年，台灣職棒首位臺大生藍翊誠，就是康老師的得意門生。還有許多運動員博士都可印證，如職籃總教練許晉哲、前職籃球星許智超、羽球一姊戴資穎，以及盧彥勳恩師也是我的老師、台灣前網球球王連玉輝教授等等。

當然不只有學歷能證明有智慧，台灣首位職棒選手取得博士的馮勝賢，追求學術成就外，為證明運動員可以做到很多事、鼓勵後進培養第二專長，就去挑戰考取不同業別證照。還有前職籃球星張憲銘，從創立運動行銷公司，到成長為跨足球員經紀、舉辦大型賽事、營運運動場館的企業，甚至登錄興櫃，成為台灣首家以運動休閒類股申請IPO的企業。曾聽科技業老闆說喜歡用運動員出身的人，因為他們比常人勇於接受挑戰、不服輸又能面對挫折，抗壓力強，也更有團隊精神。

某些頂大學生認為自己比「靠」運動進校的體保生優秀，我很想說，這些人才是「靠」會讀書考試，而有機會與優秀運動員當同學的呢！

優質教育目標：確保包容、公平以及優質教育，並促進所有人終身學習機會。

SDGs所有目標幾乎都從教育著手改變，因為教育最能根本解決問題。台灣於二〇一四年全面實施十二年國教，並於二〇二三年提供私立大學學費補助，外加少子化因素大學錄取率已超過九成，亦有許多社區大學課程供新住民、樂齡學習，人民的基本受教權已充分普及。然而，教育體制是否「優質」，仍有待商榷。

台灣近年也將SDGs教育融入中小學教科書，讓永續觀念從小扎根。價值觀的建立，需從德智體群美五育共同學習而來，然而屬智育的國英數等科目分數仍是主要的升學依據，其他教育往往不受重視。要追求真正的五育均衡發展，著眼體育也許比智育更有效率。運動能強身健體，是發展其他能力的基石；運動產出腦內啡，能讓人正向思考、抵抗壓力，有助德性的塑造；運動帶來清明思緒，更有體力與腦力應付讀書考試；運動可培養與人合作的能力，在社群中建立健康的關係；運動也可創造美感，體操、水上芭蕾、灌籃大賽等，都是結合力與美，以及創意的競技。

以運動員為例，有過人的抗壓力、恆毅力、自制力，做什麼都容易成功。比賽需要解讀、鬥智，運動員要動的腦筋不會比體力來得少。運動場域是小型社會，要面對高度競爭，處理人際關係與溝通，在團隊生存要懂服從也要會領導。只要將這些能力運用到其他事務上，應該都能輕鬆達到目標。會分析複雜的運動對戰數據，讀懂報表想必不難；記得住暗號戰術，熟背知識也不成問題；能面對艱難的訓練，也可以接受職場的磨練。當然不是每個人都是運動員，但由此可見，經由體育能學到很多東西。

台灣的升學主義造成學科外課堂常被犧牲，根據監察院二〇二一年的調查報告，依舊存在「借課嚴重」這種牴觸均衡教育的老問題。若是發展體育為主，體育班制度是自小以奪牌為目標，大量訓練犧牲課業，又會形成運動員不會讀書的假象，教育似乎只能往一方傾斜。所幸有越來越多新世代家長開始看重體育，從健身房林立、路跑活動一堆就顯見，大人們自己熱衷運動，也會希望孩子遠離３Ｃ走出戶外，以前的爸媽是要小孩不要再打球，趕快回家讀書，現在則是要小孩別再滑手機，趕快出去運動。加上少子化的關係，父母更願意投資小孩的健康，體育類型才藝班如雨後春筍。

近年健身或各運動項目的教練、運動科學相關工作變得熱門，哈佛畢業的林書豪回台打職籃，職棒也出現臺大生藍翊誠，家長更願意栽培（至少不反對）孩子朝體育發展，運動產業正在成長，投身運動是有前景的，不再只是不愛讀書、家境清寒的選擇。現在學生足球隊已經多到一有杯賽，大家就搶破頭報名；職棒發展好，使得社區棒球隊也不斷增加；許多中小學有以某單項運動聞名的體育班，需兼具課業成績才能取得就讀資格；有意讓孩子出國留學的家長，更知道體育的重要，運動好絕對有助申請學校，孩子要融入國外求學生活，會運動或是至少懂看運動，亦是重要條件之一。這些趨勢使賽事需求升高，有心的家長會出錢出力帶孩子四處參賽，甚至自辦杯賽。這股推力已逐漸反向改變教育源頭對體育的重視程度，賴清德總統也宣布要將體育從教育部拉出來，單獨成立運動部。五育同等重要，由體育為核心更能均衡發展五育，達到真正的「優質教育」。

喜歡書，人生就不容易輸——財團法人台灣球芽棒球發展協會

二〇二四年，首位在台北大巨蛋辦引退賽的職棒選手周思齊，票房紀錄與儀式規格皆被譽為台灣職棒最棒引退賽。球迷暱稱周董的他，職棒成績不是最傑出，但是球迷一致認定他夠格的原因，來自他在場外對台灣棒球的貢獻。

與多數職棒球員差不多，周思齊一路讀棒球名校到大學，差別是光復國小啟蒙教練陳劍榮，是強調讀書與打球同等重要的教練，小周思齊也是少數有「聽進去」的球員，求學時期盡力維持課業成績。在誠泰Cobras隊時期，又受到會自學的隊友鄭景益影響，周思齊持續閱讀，打球之餘都浸淫在書海。他認為看書能從別人的經驗吸取教訓與知識，而且比賽雖然會跑很多地方，卻沒有機會好好認識當地，書本可以帶他遊歷世界。他特別喜愛史學，從過去的脈絡判斷未來可能發生的事，因此他於二〇一八年攻讀臺師大台灣史研究所，成為非體育相關科系且現役的棒球碩士，還寫了兩本棒球教科書，並規劃未來要出版二十本，志在做個「棒球知識搬運工」。

會讀書也會打球，周思齊征戰二十年於四十二歲退休，共拿下一座年度

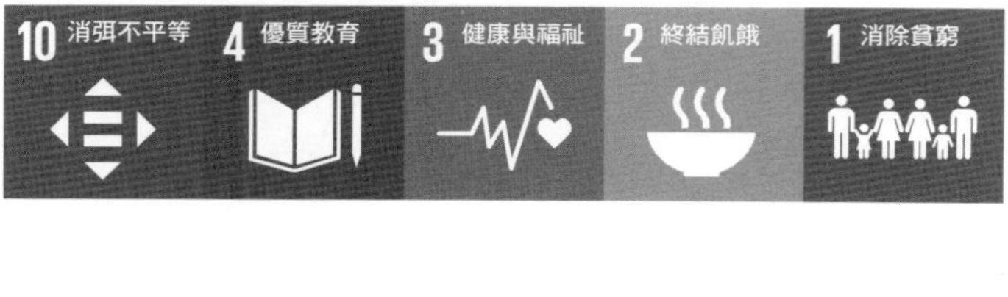

MVP，四次最佳十人，生涯打擊率三成〇七，並是史上第九位達到「千安、百轟、百盜」的球員。更難得的是，他經歷兩次假球風暴都全身而退，「我熱愛棒球，對不起棒球的事我不會做。」是他對自己可以不受威脅利誘的註解。他還當過球員工會理事長，為球員爭取權益、完善制度。更在二〇一三年把對棒球的熱愛化為具體作為，在因贏得年度MVP而簽下五年三千二百四十萬元大約之後，他沒去買車買房，而是將大筆資金用來辦理「周思齊培育基層棒球人才獎助學金」，於二〇一四年開始運作球芽基金，而後在二〇一七年正式成立「財團法人台灣球芽棒球發展協會」。

身為領郭源治獎學金而受益的球員，周思齊希望傳承，他深知在台灣打棒球的小朋友，學習時間會被訓練、比賽剝奪，若是基本學科能顧好，並養成閱讀習慣，至少有基本能力學習其他工作所需技能，未來不從事棒球選擇仍有很多。因此球芽從周董故鄉花蓮的基層棒球開始，球隊孩子只要成績達標，並由師長推薦為學習態度正向的學生，就能領取獎學金。有些孩子成績不好不代表不努力，只是沒天份不會考試，閱讀深深影響周思齊的人生，所以他覺得喜歡看書也值得鼓勵，因而在二〇一六年增設閱讀獎學金。由球芽提供閱讀學習單，學習單完成後能換小禮物，譬如球星捐的球員卡、簽名球，並以閱讀書籍數量及學習單內容（由故事協會審核評分），綜合評估挑選出最後得主。

球芽基金至二〇二四年已跨出花蓮，服務全台共三十二所偏鄉、特偏或是原住民重點學校，鼓勵閱讀就要增加接觸書本的機會，球芽會購買或與企業合作捐書，但學校圖書館並非隨時開放，因此球芽與校方合作，在球隊最常經過的角落，如樓梯轉角、球隊宿舍、球具室、餐廳設立「棒球閱讀教室」，一個隨意取用的開放式書櫃和閱讀區，讓孩子隨時可以看到書。選書多為棒球主題以吸引興趣、不排斥閱讀，如職棒雜誌、球星傳記，或是運動類別的優質漫畫、繪本，也擴增歷史、科普書籍。並舉辦平均約每月一次的閱讀講座，由故事協會老師做閱讀引導，或是職人來與孩子互動，教他們認識百工百業，運動相關如手套保養師、球場管理者、翻譯、球探、體育記者，還有非運動的油畫老師教繪畫、YouTuber教拍片、唱歌，內容包羅萬象，還不定期邀請職棒球員分享學習的益處，像是曾旅美的球員就會傳達語言的重要。球芽同仁還能藉由講座探訪，掌握學生狀況與需求，某次得知有球員家庭變故，剛好其為獎學金得主，就特別安排領獎時能與球星有更多接觸機會。經過一段時日，師長與教練發現孩子們都很有創造力和想像力，學業與表達能力也都有進步，尤其是國語科目。球芽不用課輔的方式，光是提高對閱讀的興趣就看見了成效，讓有些教練也會跟著一起看書，創造更好的讀書氛圍。

周思齊得知影響台灣棒球文化甚深的日本，基層棒球對於教育同樣重視，二〇一八年又經球芽推出赴日留學計畫，讓學生接受學術兼顧培育的同時，還能拓展國際視野。以獎學金方式資助，但沒有和任何學校合作，學生要靠自己學習日文，並走日本正規的流程考試、申請。他們在台灣，原本都不是成績很好的體育班孩子，透過這樣獨立訓練，每個人都成功考上高中、大學。有人未來想做翻譯、有人想走物理治療，還有人計劃留在日本做體育老師，同時打社會人棒球，好學會日本的教學系統，未來回台灣基層貢獻。

單憑十年前周思齊的簽約金，球芽如何做到這麼多事？雖然周董在球界有影響力，人脈總有用完的一天，要永續經營就要「看不到周思齊」，而是讓球芽的核心價值被看見。所以只有一開始搭上他的生涯紀錄做募款、利用頒發獎學金時發新聞稿，讓更多人知道球芽，後續的發展都沒有再「靠」周思齊。閱讀需要時間培養，是鼓勵不是要求，無法立竿見影、量化成效，也難用比賽或是活動形式提供品牌贊助曝光。而且周董還要求同仁在募款宣傳時，不要打悲情牌，呈現小朋友很可憐以換取同情，只要照顧好他們受教育的需求，相信就能用正能量獲得認同。球芽就這樣一點一滴累積聲量，果真受到企業的肯定支持，例如台積電不但願意挹注資金，且給予高度的運用自由；以及因周思齊所屬的球隊中信兄弟，也有中信慈善基金會在推廣教育，就經常提撥經費合作，球隊也不讓其受限肖像與經紀約，還會做主題日義賣等公益回饋協助，甚至其他球隊也都會加入公益捐贈。更重要的是一般民眾的定期定額捐款，許多人原本只是球迷，透過捐款成為球芽家族後，在會員社群除了能享有一些特約商店折扣福利，還因為球芽的工作紀實貼文，一同見證小朋友的成長，認為球芽在做很有意義的事，而成為穩定捐款者，並影響更多人參與，有許多非兄弟的球迷加入，每當有國際棒球賽事，球迷發的「祭品文」也常有「贏球就捐球芽」。

周思齊已屆退休之齡，許多小朋友不一定認識他，球員生涯後期也顯少出席球芽活動，因此不少獎學金得主，還以為獎金是由頒發給自己的球員所提供。有次他看完孩子的閱讀學習單後苦笑說，「是我發獎學金，每個小朋友的偶像都是王威晨是怎麼回事？」其實周董樂於退居幕後，讓球芽獨立茁壯，經過十年的耕耘，已經有不少獎學金得主，成為與他同在職棒打拚的隊友或對手，在棒壇傳為佳話，像是被周董稱為兒子的球芽首屆獎學金得主、樂天桃猿隊選手馬傑森，就捐出一部分簽約金給球芽基金，笑說自己是「還錢」。更棒的是，還有很多孩子在學業上取得好的發展，周思齊引退儀式有個重要橋段，是三位球芽獎學金得主前來致意，分別為首屆得主、就讀陽明交通大學材料所的黃子芸；領過六屆球芽獎學金、從體育班讀到臺大法律系、成為臺大棒球隊主力的藍正祐；以及U18亞青冠軍國手張宥謙，相信這些果實，都比周思齊職棒生涯的成就更值得驕傲。

球芽持續關注基層棒球教育，目標未來台灣每個縣市都有球芽的點，更期望不只棒球隊，能擴展到喜歡運動的學校，最終還想進一步提供就業輔導。此外，愛歷史的周思齊也重視台灣棒球文化傳承，文物保存與推廣各地棒球文化亦為球芽工作目標之一，譬如為台灣第一支到甲子園球場比賽的原住民球隊「能高團」，舉辦多次回顧展，不但讓更多人了解台灣的棒球歷史，透過追溯考察過程，也讓許多家人重新連繫，對於祖先參與了如此重要的事件感到榮耀。周思齊在引退儀式致詞時，沒有談論自己的豐功偉業，而是直視台灣棒球簽賭案的歷史教訓，呼籲學弟專注練球勿涉足是非之地，並倡議為曾創造許多棒球歷史的台北市立棒球場，於台北小巨蛋現址前立碑紀念，心心念念的都是棒球的傳承。球芽理事長蕭莉綾笑說，她和同仁們對於周董退休無不瑟瑟發抖，因為他會有更多時間和心力，要球芽為台灣棒球做更多事了。

「書」與「輸」同音，書在球隊通常不受歡迎甚至是禁忌，球員求學階段也因賽事取代學習，顯少能養成讀書習慣。有記者曾經分享，當別的球員在哈啦打屁時，周思齊總是在旁邊看書，難怪他有較正確的價值觀，沒有打假球而輸掉人生。喜歡讀書，不但不會輸，還為周思齊贏得豐碩的職涯，更為台灣基層教育園圃，種下希望的苗芽，長出更多的周思齊，一棒接一棒，不是很棒嗎？

讓運動成為教育的一環——球學聯盟

職籃球星林書豪，因「首位哈佛出身的NBA球員」身分，成為運動員也會讀書的範例，他的哈佛同學兼樓友何凱成的故事，更是運動翻轉人生的代表。十二歲時父親過世、母親患思覺失調症，何凱成被移民美國的姑姑收養。在華人稀少的喬治亞州就學，一句英文都不會說，在學校學習受阻、遭同儕排擠，運動成了救贖。美國教育不單看學業成績，更重全人教育，讓熱愛運動的他得以參加學校各種運動校隊，在運動場上找到自信與優勢，使他一路從英文盲變成哈佛高材生。高中時擔任美式足球校隊跑鋒，以優異表現得到全額獎學金進入哈佛，攻讀經濟輔修心理，除了習得專業知識，更大大增進了思考邏輯力；在球隊又可以學到課堂上學不到的品格、領導、溝通合作、時間管理等能力，身處學術兼顧的環境打球讀書，未來無論當職業選手或是進金融及其他產業，都前程似錦。

然而畢業後何凱成沒有爭取做身價動輒破億的美式足球員，也放棄投身高薪的華爾街世界，而是到薪資只有金融業一半的美國國家美式足球聯盟工作，負責亞洲地區的推廣，因為想讓更多亞洲人像他一樣從運動中獲益。但是他發現，運動在亞洲不盛行的主因在社會過於重視學業，像是台灣高中生

放學就是去補習班，只有體育班的孩子才會進校隊，但美國高中生下課幾乎都在跑社團或參加運動校隊，美國社會文化深信體育能培育人才與領導者，也確實美國企業的CEO有九成都有運動校隊背景。何凱成認為想要改變亞洲人「唯有讀書高」的觀念，必須從教育體系做起，他想要告訴社會大眾，讀書和運動同等重要，體育與教育不該分開。於是他回到台灣，在二〇一三年成立「球學」體育新創公司，並於二〇一八年創組「球學聯盟」，希望能實現「把運動變成教育的一環」這個遠大理想。

取自「求學」同音異義詞，象徵結合體育與教育的「球」與「學」，球學聯盟就如一般學生籃球舉辦賽事，但最大的不同是加入聯盟的隊伍，必須遵守嚴格的出賽規章——所有學生球員的段考成績平均要達五十分以上才能上場比賽。剛開始許多人都因成績不符而遭禁賽，但強烈的打球慾求驅動下，數個月後就有過半數人重返球場。聯盟成員有頂尖高中，也有一般高中、技職、私校和國際學校；有體保生一般生混合的校隊，也有社團性質的校隊，大家都需「球學兼優」才能同場競技，聯盟也加入國中組別，成為熱愛籃球運動孩子的交流平台。

另一個與一般聯賽不同的是賽制安排，為的是避免像專攻競技的校隊，訓練占據大量學習時間，還有賽程、賽場集中，聯賽期間學生球員幾乎都不在學校上課。球學聯盟是以校園為中心，將比賽辦在每個學校的室內球場，以學校所在地區域劃分，採用主客場制，由區域內的學校輪流舉辦，賽期為八至十週例行賽及五週季後賽。例行賽期間各校只需負責一至二次主場賽事，不會造成學校支持球隊太大的負擔，還少了許多去外地比賽的交通、食宿費，也省去球員為出賽舟車勞頓的時間，更方便學校師生、親友到校觀賽。第七屆賽季開始，比賽更盡量選在週六舉行，不影響學生上課學習，也更提高家長參與度。球學聯盟成立初期，為各球隊設計標誌、製作周邊商品、宣傳比賽，注入學校經營球隊品牌的觀念，有操作品牌經驗的球隊，也藉由與他校交流的過程，帶出同儕間的正向激勵。聯盟並鼓勵學校讓學生負責直播、主持、表演活動等工作，營造主場優勢氛圍，增加校內向心力。有別於傳統聯賽的做法漸獲學校、家長支持，從初始的二十七支高中籃球隊，至二〇二四—二〇二五年賽季，球學聯盟已成長到約六十間學校。

球學聯盟的核心價值，是讓上場比賽成為孩子顧好學業的動力，並在挑戰過程中，學習書本上學不到的能力，為未來人生做準備。球場上能學到的東西實在太多，比方聯盟獨有的主客場制，具主場優勢之下輸球該如何排解情緒保持風度，在客場遇上一面倒加油聲浪怎麼頂住壓力，都是鍛練品格與心智的好機會。更不用說在訓練上對各種能力的操練，在隊友間既需競爭又得合作的心態調整，在學業與興趣中如何做好時間管理取得平衡等等，這些出社會後以至整個人生都需面對的課題，皆能在球場上預先體驗。

在球學聯盟打球不但能好好求學，甚至可以幫助升學。何凱成在高中時花費時間與金錢，記錄剪輯自己比賽的 Highlight 影片，從中檢討可以改進的地方，讓球技更上層樓，影片更成為申請學校最好的自介履歷，讓他得到哈佛大學錄取。他將概念引入聯盟，在球學聯盟官網可以看到所有球員的資料、數據表現還有賽事影片，透過這些資訊，球員可以回顧自己的表現，找到追求進步的方向，也能更了解其他競爭對手。若有升學需求，還能自行下載直播影片，仿效當年何凱成的方法，剪輯製作專屬履歷行銷自己，就算不為了升學，單純做為留念，都是美好的青春印記。

以台灣校園最普及的運動籃球開始，球學聯盟期望成為一個範例，讓其他基層運動都能改變體制，讓運動成為教育的一環。學生不再因學業而放棄運動，體育生也不需為運動而犧牲學業，人人都能當個文武雙全的學生運動員。

優質教育目標

↗目標4．1在二〇三〇年前，確保所有兒童及少年都完成免費、公平、優質的小學與中學教育，取得相關且有效的學習成果。

↗目標4．2在二〇三〇年前，確保所有孩童都能接受優質的幼兒發展、照護及學前教育，為接受初等教育做好準備。

↗目標4．3在二〇三〇年前，確保所有青年都能平等獲得可負擔、優質的技職、職業與高等教育機會，包含大學。

↗目標4．4在二〇三〇年前，大幅增加擁有就業、合宜工作、創業相關技能（包含技術與職業技能）的青年與成年人數量。

↗目標4．5在二〇三〇年前，消除教育上的性別差距，確保弱勢族群（包含身心障礙者、原住民及弱勢兒童）平等獲得各級教育與職業培訓。

↗目標4．6在二〇三〇年前，確保所有青年及大部分成人，都具備識字與算術能力。

↗目標4．7在二〇三〇年前，確保所有學子都習得可促進永續發展的知識與技能，包含永續發展教育、永續生活模式、人權、性平、和平與非暴力觀念、全球公民意識、文化包容、多樣性及可持續性的貢獻。

↗目標4．a建立與升級適合兒童、身心障礙者及性別議題敏感的教育設施，為所有人提供安全、非暴力、包容與有效的學習環境。

↗目標4．b在二〇二〇年前，增加全球開發中國家，特別是最低度開發國家、小島型開發中國家與非洲國家的高等教育獎學金數量，包含職業培訓、資訊與通訊技術、工程與科學課程。

↗目標4．c在二〇三〇年前，增加合格師資人數，包含在開發中國家，特別是最低度開發國家、小島型開發中國家，進行國際教師培訓合作。

10 SDG⑤ 性別平等
女子運動是好事

女人好，大家好

好友C年輕時是個和我一樣堅持「能躺就不要坐，能坐就不要站」的人，她的姪女曾形容姑姑以前總是躺在沙發上看網球比賽轉播，更是跟我只愛看運動賽事不愛運動的習性雷同。不過我從沒看過C這些樣貌，初識時她已經是週一爬山、二至四重訓、週五街舞、週六拳擊，體育課排滿班的運動愛好者。

懶人C之所以會變身運動女神，與愛有關。二〇二一年為照顧罹癌丈夫，深覺需有好體力才能長期抗戰，因而報名健身課，好當個健康的美艷看護。認真投入的她，上課一段時日即大有成效，甚至在數年後將不可逆的B肝病毒一掃而空，骨質密度也越見緊實，運動獲利戶C開始呼朋引伴加入投資健康行列，組成龐大的女子體育班。

長期觀察這群成員，我認為女性參與運動對國力大有好處，雖說以下言論來自少數樣本並帶個人偏見，但從十幾年前即有運動領導品牌推行女生路跑，以至現在台灣風行各種女性運動，自認觀點應該有點道理。

首先，相較於男性，女性對同儕影響力大，女生從小就愛和同學手牽手去上廁所，運動也想要有伴，會揪人、請私人教練組團課。女性喜愛社交，口碑行銷效果好，一人成功會引起多人參與，還會不斷外溢。C和好友們就樂於嘗試各種運動，學潛水、打太極、從爬台灣百岳挑戰到喜馬拉雅山，報路跑、三鐵，參與越來越多項目，結識越來越多運動愛好者。再者，女人比較在意外觀、重視行頭，加上天生所需產品較男性多，如運動內衣，因此女性運動服飾及用品的消費力也較高。

女性具運動續航力，會彼此鼓勵、約束、競爭、相互影響，「我們去報接力三鐵好不好？」「你今天跳繩跳了幾下？」「我又瘦了兩公斤！」「這個登山鞋好好看，哪裡買的？」。上課、報賽事、買衣服、裝備，持續、多元又不斷擴增參與人口，全都在促進產業發展。運動的好處更講不完，健康、快樂、有自信……有個說法是，「媽媽開心，全家開心」；吳念真導演也曾說過「男人通常只出一張嘴，都是女性撐起一片天。」女人本來平均年齡就較長壽，若更健康乃全民之福，多重視推廣女性運動，對國家發展絕對有幫助。

就算不是身體力行的參與，觀賞型運動該開發的族群也應是女性，女人的動員力和消費力絕對不輸男人，爸爸通常只有一張票，如果媽媽也愛看，就可能是全家加上親友、姊妹淘好幾個家庭的票數，並帶來周邊商品、餐飲的消費。我這個不愛運動的運動迷就是最佳範例，不但在各種賽事中付出實質金錢，還努力寫文章傳遞運動之好，不也多少對社會經濟發展有所貢獻？

性別平等目標：實現性別平等並賦予所有女性權力。

社會上許多需要較高學歷、專業性或領導力的工作，普遍被認知為男性專屬，若是由女性擔任，就會被加上女字，像是女律師、女醫生、女總統等等。運動世界亦然，同時有男女參與的職業運動，如籃球ＮＢＡ、高爾夫ＰＧＡ、冰球ＮＨＬ，似乎皆由男性為代表，女子聯盟就得附上Ｗ（Women）。就連運動賽事迷，女性也屬少數族群，女球迷常被認為是一群看不懂賽事規則的人，連夠不夠被稱為「迷」的專業度也要被質疑。

即使女性運動員表現優異，甚至超越男性，性別偏見仍然存在，拿全世界最受歡迎的足球運動來說。如果搜尋國際足球史上最多進球員，會出現台灣球迷稱為Ｃ羅的男球星Cristiano Ronaldo，若在關鍵字後面加上Woman，結果會是進球數遠超過C羅的克里斯汀・辛克萊爾（Christine Sinclair），而且還有另三名女球員排在他前面。體育大國美國在這項運動相對弱勢，不過美國女足曾長居世界排名第一，且拿下四次世界杯冠軍及四面奧運金牌。即使至二〇二四年排名掉到第四，仍比第十一名的美國男足高。台灣更為懸殊，二〇二四年國際足總排名，台灣女足為四十二名、是亞洲第八，最高排名還曾達到二十二名，而男足則是一百六十五名。然而一直想跟上世界腳步發展足球的台灣，卻從不重視明明非常有機會的女子足球，比方曾發生足協要求與女足國家隊成員，簽下嚴重損害權益的合約，因名球評爆料引起眾怒，足協才致歉作廢。

除了歧視偏見，女性在體育圈要面對許多不公平待遇，運動能力被認定不如男性，有些時候不是冠上W就好，是根本不給予參賽權，過去至今曾有許多賽事是以各種無科學根據的理由，禁止女性參與。女性運動表現好，又總會被懷疑是靠禁藥或變性等方式取得能力。更不平等的是同工不同酬，相同運動項目的男女選手薪資與獎金，幾乎都是天差地。實質報酬外，運動環境也時常不友善，沒有專屬衛生設施是最常見的狀況。還有一個「女性獨家障礙」，女子運動員若是決定生兒育女，即可能在運動生涯正值巔峰時中斷，而男子運動員只要沒受傷，生再多小孩都能擁有完整的運動生涯。少有體育組織提供產假或生育福利，運動品牌往往也會降低贊助，迫使她們必須在職業與母親間做出選擇。

國際運動史上，曾有無數女性運動員站出來爭取權益，而促使社會重視與改革。運動員具能見度與影響力，這些案例也能成為體育以外產業的標竿，因此，透過運動員的倡議與行動，能改變社會上各種因性別造成的不平等，以利「性別平等」目標更快實現。

那些年，她們一起爭的女權——國際運動史上十大性別平權案例

參賽權

1. 一九六七年，凱薩琳．斯威策帶女性跑進馬拉松

波士頓馬拉松是全球最負盛名的馬拉松賽事，但是自一八九七年開跑以來，只對男性開放，因為專家宣稱跑步有損女性氣質且不利生育。美國女性跑者凱薩琳．斯威策（Kathrine Switzer）決心打破這個障礙，她以性別模糊的名字ＫＶ報名參加，比賽開始不到兩英里，賽事總監發現後衝過來試圖撕下她的號碼布，但男友幫她擋住攻擊，這戲劇性的瞬間被攝影記者捕捉成為頭條新聞。四年後，田徑聯盟正式允許女性參與波士頓及其他聯盟內認可的馬拉松賽事，當年有八名女性包括斯威策本人報名參加並完賽，自此女人可以自由奔跑在馬拉松賽道上。

2. 二〇〇八年，女子跳台滑雪選手躍進冬奧

自一九二四年第一屆冬季奧運起，跳台滑雪一直是重要的比賽類別，但始終只有男子項目。二〇〇八年，國際女子跳台滑雪運動員聯盟，由六名菁英選手代表向溫哥華冬奧籌委會提起訴訟，抗議大會將她們排除在二〇一〇

年冬奧之外，雖然當時沒能勝訴，但女性因而在二〇一四年索契冬奧取得資格，成功完成性平的巨大跳躍。

3. 二〇一九年，比安卡・范倫提引領戰友衝破性別歧視巨浪

四位著名的女性衝浪運動員比安卡・范倫提（Bianca Valenti）、安德烈・穆勒（Andrea Moller）、綺拉・肯尼利（Keala Kennelly）與佩姬・艾姆斯（Paige Alms），共同創立女子衝浪公平委員會CEWS，長年在這項以男性為主的運動中爭取權益。二〇一九年比安卡・范倫提更成功推動女性參加傳統只邀請男性的獨行挑戰賽（Maverick's Challenge），儘管在衝浪界仍充滿著性別歧視，但因著這次的突破，她們將持續挑戰各種不平巨浪。

4. 一九七三年，比莉・珍・金擊敗沙豬贏得同額獎金同工同酬權

網球傳奇球星比莉・珍・金（Billie Jean King），於一九七三年男女對抗的網球表演賽「性別之戰」（Battle of the Sexes），在全球九千萬觀眾見證下，以直落三盤痛宰了公開嘲笑女子網球的沙文主義球星巴比・瑞格斯（Bobby

16 制度的正義與和平　10 消弭不平等

Riggs），這場勝利被認為是人們接受女子網球的里程碑。她隨即創立女子網球協會，爭取女性球員在職業網球公開賽，能獲得與男性球員同等的獎金。並於美國網球公開賽前宣告，如果男女獎金不同將抵制出賽，迫使美網成為第一個提供同等獎金的賽事。影響持續到多年後的另三大公開賽，澳網和法網分別在二〇〇一年與二〇〇六年跟進；二〇〇七年在網球天后小威廉斯（Serena Williams）的積極爭取下，溫布頓也終於打破一百二十三年來的不平等待遇，完成男女同酬大滿貫。

5.二〇一七年，美國女子曲棍球國家代表隊賭上職涯換取對等

冒著斷送職業生涯風險，以美國隊長梅根．杜根（Meghan Duggan）為首的女子曲棍球國家代表隊，在二〇一七年提出若美國冰球協會不增加薪資，將拒絕參加世錦賽。兩週內，球隊與協會達成協議，美國奧委會每月將為女子選手提供訓練津貼，贏得獎牌後還會給予更高的獎金，且能獲得與男子國家隊相同的旅行、保險權益，以及每年分配的獎金，這些勇敢的選手為女權擊進了漂亮的一球。

6.二〇一八年，WNBA球星強攻狂得待遇三級跳

在美國職業籃球聯盟中，NBA球員最低薪約為WNBA球員平均收入的八倍，受夠了長期的巨大差異，二〇一八年，WNBA洛杉磯火花隊球星兼球員工會主席妮卡．歐古米克（Nneka Ogwumike）宣布，球員們選擇退回合約，以爭取聯盟提供更多投資及薪資。經過一年多談判，聯盟宣布一項八年協議，包含提供更高的薪水（頂級運動員可賺取超過五十萬美元，是先前的三倍）、更好的通勤體驗（每位球員皆有獨立飯店房間與飛機艙等升級），以及新的健康福利（產假期間領取全薪、年度兒童保育津貼等），即使改變仍遠低於NBA待遇，在職籃界已是令人驚嘆的連續得分。

7.二〇二二年，美國女子足球國家代表隊Goal！

二〇一九年三月八日國際婦女節，美國女子足球國家代表隊二十八名成員，起訴美國足球協會USSF性別歧視，指控其薪資與工作條件不均，女球員收入僅為男球員的三八%，儘管女性表現一直優於男性。二〇一五年女足世界杯奪冠後，吸引了更多觀眾，為美國足球創造驚人收益，而美國男子代表隊則連二〇一八年世界杯的參賽資格都沒有；二〇一九年女足在世界

杯大獲全勝，再度奪冠，並吸引了全球十一億觀眾，再再證明這不平等有多荒謬。然而二〇二〇年法院仍駁回訴求，但是他們上訴後經過數年對峙，雙方終於在二〇二二年達成和解。足協承諾在世界杯等重大賽事中實現同工同酬、賠償提出訴訟的球員，並挹注資金支持退役球員創建女性與女子足球相關的公益組織或活動。美國女子足球選手在這場戰役中，以永不放棄的精神成功達到目標（Goal）。

平等對待權

8. 一九七三年，比琪．凱爾梅耶爾與伊蓮．加維根為女學子爭取獎學金

佛羅里達州女子網球教練伊蓮．加維根（Elaine Gavigan）與學院體育主任比琪．凱爾梅耶爾（Peachy Kellmeyer），於一九七三年對女子校際田徑協會AIAW禁止女性獎學金得主的裁決，提出集體訴訟，指控該規則不符合美國《教育修正案第九條》用於保障女性學生參加體育活動或競賽權利的精神，最終迫使AIAW改變規則，為女子學生運動員贏得了獲得大學體育獎學金的權利。

9. 一九七六年，克里斯汀・恩斯特與賽艇隊友一同脫去不公平待遇

兩屆奧運賽艇好手克里斯汀・恩斯特（Christine Ernst），在一九七六年成為耶魯大學女子賽艇隊隊長。每次運動後，男同學都可以洗熱水澡，換上乾淨衣服，女同學卻只能在濕冷與疲憊中，等待載所有人返回校園的巴士。她對此感到不平，於是帶領十八名隊友，在耶魯大學體育室裡，全員脫光上衣，露出背部和胸部畫出的「第九條」字樣。此舉吸引了大量媒體報導，《耶魯每日新聞》更刊登出這張歷史性的照片。兩週內，耶魯大學女性運動員有了新的更衣室，效應還擴散出去，全美教育工作者開始將《教育修正案第九條》視為需遵守的法律。

10. 二〇一九年，媽媽運動員艾利森・菲利克斯孕育性平環境

一旦女性運動員想當媽媽，就得面臨運動生涯的折損。奧運史上獲獎最多的美國田徑運動員艾利森・菲利克斯（Allyson Felix），就曾因懷孕被運動品牌減少贊助金，她不但拒絕並要求對方在合約上保證，如果在生產前後幾個月裡未達到最佳表現，將不會受到懲罰。三個月後，該品牌宣布新的生育政策，保證懷孕期間十八個月的薪資與獎金，另三家運動品牌也提出類似的

保障。此後，越來越多職業組織開始正視此問題，國際足總ＦＩＦＡ就於二〇二〇年公布新規則，女子職業足球員可以享有十四週產假，產假結束後，球隊也必須讓她們歸隊，並提供足夠的醫療支持。ＦＩＦＡ還在二〇二三年女足世界杯時，製作全球媽媽足球員的訪談影片，經由分享當母親的故事，倡議性別平權。

生氣不如爭氣——台灣運動好事協會×台灣女子體育運動協會

「通靈少女」索非亞，是劉柏君廣為人知的稱號，她同時也是台灣二〇一七年十大傑出女青年、二〇一九年十大傑出青年、二〇一八年富比士國際體壇最具影響力女性第十九名、二〇一九年國際奧會婦女與運動獎座世界獎得主，為第一位拿台灣護照走進聯合國演講的人，二〇二四年更獲聘外交部無任所大使，她還是台灣首位女性棒球裁判。走向這些成就的過程，劉柏君因性別受到許多歧視與打壓，但是她堅持下去，努力向社會證明，女性可以做到別人認為她們做不到的事。

裁判工作外，社福是劉柏君的本業，過去工作的組織長期提供校隊營養資源，教練希望球員不要只是理所當然的領取，也應該學習回饋，所以劉柏君請孩子們來幫忙打掃、搬運物資。她也藉互動分享個人經驗，告誡這群多數出身弱勢家庭的女生，不要去做未婚生子、吸毒那些讓人生選擇變很少的事，應該好好打球與念書。為什麼要念書？她以自己為例，就是因為英文能力，而有機會受邀到國外的棒球裁判學校進修，回國後才能得到長年由男性獨占的裁判職缺。教練事後回饋，孩子真的比較認真讀書了，這讓她感到也

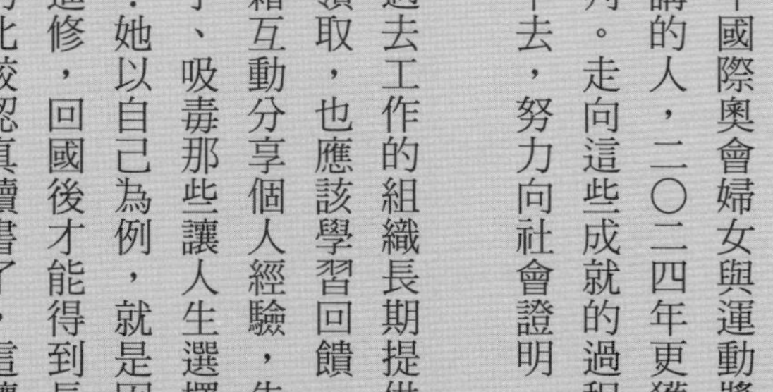

許預防能勝於治療，社福資源都用在補救，與其辛苦拉住已經出問題的孩子，不如協助還沒掉出去的孩子。正好同一時間，某位美國在台協會官員也與她聊到，性平與運動推廣，台灣在國際上相對不會被打壓，建議透過這兩部分為台灣做點事。

因此劉柏君在二〇二〇年，與另兩位承諾能接受半年不支薪的同事，買了一張折疊桌與各自的筆電，一起辭職創辦社福與體育領域的兩個ＮＧＯ組織——「台灣運動好事協會」與「台灣女子體育運動協會」，結合兩項專業，透過運動照顧培力弱勢女孩、推廣性別平權、做運動外交。

在台灣，運動校隊成員多數來自弱勢家庭，女生更是弱勢中的弱勢。比方扶植棒球的資源很多，但是女子壘球就很少；女生走向職業運動的出路也更窄，許多原住民女孩最常見的選擇不是高中畢業趕快去賺錢，就是回部落生小孩。加上台灣長久對於體育班觀念的偏差，認定運動員不會讀書、打球很辛苦不用讀書沒關係，而讓訓練與比賽大量占據上課時間，都加劇女生運動員的困境。由協會培力的北投國中女壘隊，在接受協助前沒人覺得自己可以讀大學。

劉柏君轉變了她們的思維，學生運動員，就是在運動員之前是學生，念

書是本分，而且念書是為自己不是為別人；每個人都有不同的辛苦，打球沒有比較辛苦；也不要認定自己不會讀書，記暗號那麼複雜的事都會，一般學生會的當然學得會。劉柏君如何讓她們相信這些觀念？首先，協會與教練討論出時間表，提供小班制彈性課輔，有賽事或移地訓練時也不中斷學習。每週還找不同職業的人來分享未來出路，以及做這份工作前要讀什麼科系，也帶她們去大學聽系所老師介紹。一學期六到八次，找外師來上英文課，教導生活應用所需的實用會話，目的不是為了考試，而是提升她們對學英文的興趣與信心。並向企業主爭取到臺北大學社工系的獎學金與生活扶助金贊助，只要能考上，四年免花費，大學不再是「很花錢而且要浪費四年不能賺錢」，而是「擁有更高學歷能爭取更多就業機會」。

「那我現在敢想去念大學了」，在了解這些藍圖後，一位女孩這樣回應。看得到未來就有動力，短短不到兩年，每個女孩在學業上都迅速進步。有位原本對知識「刀槍不入」的學生，數學從二、三十分，一下考到七、八十分，當劉柏君開玩笑問她「這是你的考卷嗎？」，她的回應竟然是自信說出「我覺得我可以考得更好」。有人從每個英文單字都得用中文記憶，如在good morning下面寫「古得摸寧」，到可以用英文虧老師，還在桌墊上寫滿（沒有標註中文的）英文格言鼓勵自己。不只成績提升，生活態度也顯得積極，很多人回家後變成管家婆，會跟爸媽講不要再喝酒了，趕快去田裡工作。劉柏君特別去爭取社工系的補助金，就是因為相信「幫助一個女孩，就是幫助一個家庭」，做社工不見得會賺大錢，但只要肯做就不容易失業，最重要的是還可以回部落服務，幫助原生家庭或是未來的夫家，用健康正確的方式養育下一代。

場下有自信，場上也會有自信，以北投國中為主力的台灣女壘隊，在二〇二三年首屆U15亞洲杯女子壘球賽中打敗強敵日本隊，贏得冠軍前進世界杯，最終拿下第四名佳績。教練認為這支隊伍與過去台灣選手很不一樣，有很強烈覺得自己會贏的心理素質。看著學生一路成長的老師也說，「選手可以拿冠軍，絕對和協會的服務有關」，此言對協會同仁是莫大的鼓舞。

不只是單向提供資源、付出關懷，為了不讓女孩們養成福利依賴，也要讓她們認識社會的現實，協會將運動員培力與性別平權服務綁在一起。協會與各縣市政府合作，舉辦棒壘球營與運動傷害防護營，用運動做媒介幫助小朋友認識性平、防止性騷。由協會培力的運動員來當遊戲課程關主，讓她們從中培養責任感、溝通技巧、領導力與解決問題的方法，這些都是未來不管什麼工作皆需要的技能。也能讓她們相信，自己是有能力照顧別人的，還可以從小孩的錯誤，看到自己會犯的問題。而且協會有配發酬勞，讓她們感受勞動是有價值的，但也會在一整天繁忙的工作中，理解賺錢並不是那麼容易。

做一件事同時達到多個目的，協會的服務都是以此為出發規劃。包含送給女性校隊運動員客制化的運動內衣，搭配月經、乳房等女性健康衛教，也送到國外的NGO組織；開發從運動圈角度切入的性平教材，並翻譯成七國語言的影片、電子書與教案。承、協辦各種國際體育論壇、展覽活動、發行《*Women in sports*》國際雜誌、辦女性國際攝影比賽；在立法院推動成立女子運動外交促進會，與世界分享台灣性別多元包容的經驗，展現Taiwan can help。這些故事與成果，經常能登上國際體育組織官網新聞與外媒報導。從立農國小、北投國中到北士商，建立起培力兒少運動員的模組，未來希望能擴展至全國各女壘校隊，以及服務桌球及足球校隊。二〇二四年便與美國在台協會合作，在國高中聯賽中遴選出五位十五至十八歲足球女孩與一位教練，前往美國參加「Julie Foudy & espnW運動領導學院」夏令營，行前能接受AIT的美語課程，至營隊又能得到專業訓練，並投入志工活動與世界各地足球女將進行文化交流。協會還請女孩們回台後自行策劃工作坊課程內容，回饋台灣的足球發展。這些全都是透過運動在台灣培力青少年、實踐性別平等，同時又能藉此突破外交困境，與世界交朋友。

即使到現在，劉柏君仍常因性別受到不公平的對待，有時甚至是來自女性，因為擔心她過於出頭，反而限縮大家已有的權益。雖然不免沮喪難受，但她始終保持同樣信念，與其繼續生氣，不如好好爭氣，證明自己努力的價值。她過往受WBSC採訪的影片，就曾啟發一位日本大學女壘選手成為裁判，幾年後兩人竟能一起在亞洲杯執法。後來某次賽事劉柏君因手受傷需人幫忙穿脫裝備，對方自然樂意幫忙，劉柏君說了謝謝，對方竟回了一句讓她感動無比的話，「我才要謝謝你，沒有你，我不會在這裡。」這激勵她與協會的夥伴，要繼續努力創造更多個劉柏君，影響更多的女性為自己爭一口氣。

性別平權目標

↗目標5.1終結世界各地對婦女與女孩一切形式的歧視。

↗目標5.2消除公開與私人領域中對女性一切形式的暴力，包含人口販運、性侵犯，以及其他形式的性剝削。

↗目標5.3消除各種有害做法，例如童婚、未成年結婚、強迫婚姻，以及切割女性生殖器。

↗目標5.4透過提供公共服務、基礎建設與社會保護政策，以及依據適合各國國情下，承認並重視無給職的家庭照護與家務工作，促進家事由家人共同分擔。

↗目標5.5確保女性能充分參與政治、經濟與各層級的公共決策，並享有平等的領導機會。

↗目標5.6依據《國際人口與發展會議》、《北京宣言》的行動綱領，及其成果書議定，確保所有人都享有生殖醫療照護服務及生殖權。

↗目標5.a依據各國法律進行改革，賦予女性平等的經濟資源、土地與其他形式財產、金融服務、繼承，以及天然資源的所有權與控制權。

↗目標5.b加強女性使用科技能力，特別是資訊與通訊技術。

↗目標5．c強化健全的政策及可執行的立法，以促進性別平等，並提高各層級女性權能。

11

SDG⑩ 消弭不平等
體育世界，沒有少數族群

不一樣的球賽，一樣的快樂

台灣酷暑是對球迷忠誠度的烤驗，每年夏天，我實在沒有勇氣踏進棒球場，只能躲在家裡看轉播，雖然現在終於有大巨蛋了，但也不是場場都在那裡打，再說我已經不如學生時期那般熱血，還是求舒適要緊。二〇二二年七月底，我研究所論文口試委員之一、知名球評曾文誠先生，居然選在萬里無雲的大暑正中午，邀我們全家一起去看球。本想找藉口婉謝，可是還沒來得及開口他就接說，「這球賽很不一樣，是盲人棒球賽，會讓你們非常感動，只有在現場才能體會，一定要帶女兒來。」我絕對相信文誠兄的強力推薦，更感念他賜我高分通過論文口試，於是我們做足防中暑準備，驅車前往位於新北市樹林區、全台第一座身障棒壘球場——鹿角溪身障棒壘球場。

盲人棒球其實應該叫做蜂鳴棒球（Beep Baseball），因為比賽用球是將蜂鳴器裝進一顆十六吋大的壘球中，會發出嗶嗶聲讓視障球員能聽見球的位置，是專為視障者設計的類棒球運動。第一屆盲人棒球世界大賽是在一九七五年於美國明尼蘇達州舉行，隔年，國家蜂鳴棒球聯會（The National Beep Baseball Association）於芝加哥成立，自此年年舉辦杯賽至今。盲棒場地只有一壘與三壘，且不是常見的方形壘包，而是一根一．二公尺高的圓柱。更特別的是，投、捕手是和打者同隊的明眼人，對戰隊則是站在一、三壘間的六名防守員。投手盡可能投出讓打者容易打到的球，打者聽聲辨位，若是揮棒擊中，控壘員會開啟一或三壘的聲響，引導打者往一或三壘跑。打者碰觸到壘柱前，如果防守球員已接住球，打者就出局；若是防守球員還未接到球，攻擊方就得分。和棒球賽一樣是一局三個出局數，共打六局。因球員視障程度不同，所以一律要戴眼罩上場比賽。

盲棒球員雖然看不見，但是拚戰精神、熱愛運動的心，跟普通球員沒什麼不同，球場氣氛與一般賽事很像，每個人的臉上都掛著笑容，會大聲激勵彼此，也會講好笑的垃圾話。所以我和女兒很快就進入球迷模式，認真從觀看賽事中了解規則，球員的熱血表現，也升高了我們對炎熱氣溫的耐受度。

由明眼人各自攙扶進打擊和防守區後，球員就得全靠自己了。打者會先蹲下來摸摸壘包確認位置，然後待投手投出球，仔細聽音選球或奮力揮擊；防守者要在球被擊中後，努力尋聲摸索來球方位，拚命截球。因為看得見他們看不見的狀況，每球都讓我超緊張，打者擊中球，還會陷入兩難，一方面希望衝向壘柱的打者可以順利得分，同時又祈求靠耳朵滿場找球的防守者能攔截到球守住失分。

只要看到有防守者美技飛撲抱住球，或是打者奮不顧身撞柱跌倒得分的瞬間，都會讓我立刻鼻酸、熱淚盈眶。但是我必須忍住激動的情緒，因為工作人員有提醒，為避免加油聲影響球員聽音辨位，場邊觀戰的人都必須保持安靜，所以要忍到得分或出局的那一刻，才能為他們大聲喝采。整場比賽選手完全無畏於視障的奮戰精神，讓我馬上變成迷妹，完全懂了文誠兄說的那種臨場感動。

身心障礙者要運動得面臨很多挑戰，或許運動量也有限，但光是能走出來都對身心非常有幫助。我超級敬佩的好友巫家夫妻，就經常陪著一雙罕病兒女出來參與各種活動，跑馬拉松、爬合歡山、國內外壯遊無役不與。巫爸、巫媽這麼不辭辛勞、克服萬難的努力達成，我想是因為對孩子（或是對他們夫妻）來說，得到那份平等的感覺非常重要。我在盲棒選手的笑容裡，同樣看到了這種享有平權的快樂。希望台灣的環境能趕快變得更友善安全，讓這些不平凡的身心障礙者，都能參與他們熱愛的運動。而我這個平凡人能做的，就是盡好運動迷的本分，為他們大聲加油！（但如果是看盲棒賽，只能忍住在心裡吶喊啊～）

註：出口杯盲棒賽二〇二一年起於每年三月舉行，唯二〇二二年因疫情打亂賽期才於七月二十三日開打。

消弭不平等目標：減少國家內部及國家之間的不平等。

全球身心障礙者約十二億人，占世界人口的一五％。根據二〇二四年內政部戶政司統計資料顯示，台灣約有二千三百萬人口，五歲以下約一百零二萬，大概占了全人口的四％；原住民約五十九萬，占二．六％；而領有身心障礙手冊者約有一百二十萬，占六％。從數字比例上看來，台灣原生的主人以及未來的主人，較為少數，相比之下，身心障礙者還略為普遍，大約每二十個人之中就有一位，如果加上未領冊的身心障礙者，實際人數應該比統計上更多，無論是在世界或是在台灣，身心障礙者並非少數族群。

再者，人根本不該這樣去區分，什麼是一般人？什麼是有障礙的人？身心障礙者就是「人」，只是因身心狀況而在生活中有不同程度的不方便，在統計數據上形成高於人口平均值的障礙。既然大家都是人，就沒有人該是局外人，任何事上都應享有平等的權利，當然，在體育的世界也是。

經由運動這個媒介更容易展現平等的美好，因為運動有益身心健康，但是運動又最需要用到身心的能力，當所謂的一般人看到輪椅族能打籃球、視障者可以打棒球、智能障礙的孩子合力跳競技啦啦隊、奧運的比賽項目帕運幾乎都有，就會感受到原來身心障礙者同樣能享受運動的樂趣，這些畫面越來越多，身心障礙者就越能夠被平常看待，才有機會實現「消弭不平等」目標。

身障平等大聯盟——社團法人中華民國身障棒壘球協會

「每個人都該有打棒球的機會。」這是「社團法人中華民國身障棒壘球協會」創始人潘瑋杰，在美國身障棒壘球場看到的標語，也是他成立協會的目標。

幼時因高燒導致左手萎縮，曾在自卑、不平中成長，根本不想走出來面對人群的潘瑋杰，偏偏有個熱愛棒球運動的父親潘孝仁，從小就鼓勵兒子一起打球。總是拒絕父親的他，直到台灣旅美球星王建民的出現才改變想法。或許是血液裡還是有來自老爸的棒球魂，在全民瘋建民的年代，潘瑋杰也躬逢其盛愛上看棒球，還加入了打棒球的行列。因為左手萎縮並不明顯也不影響活動，他可以和「正常」的同學一起打棒球，享受運動的樂趣。

二〇一〇年，父親又提出新的挑戰，從友人那得知有個身障組織，正在招兵買馬組成一支肢障棒球隊，要去日本打世界邀請賽，潘孝仁當然要推兒子去為國爭光。潘瑋杰本想再次拒絕父親，因為如果去參加，等於是承認自己身體的不完美。但是在看了身障球員們練球後，他立刻轉念，場上每個人都和自己一樣愛棒球，沒有什麼不同，於是他去領取身障手冊，正式與自己和解。

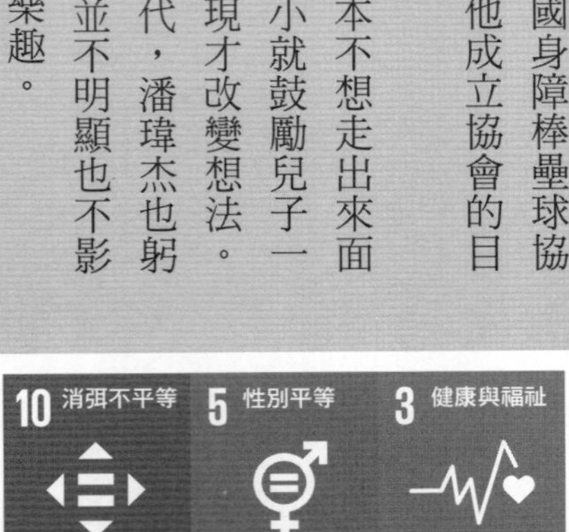

代表台灣參加國際賽，看到國外身障棒球的格局，對他而言是更大的震撼與激勵。球隊回國後因完成任務就解散，但潘瑋杰還想續打延長賽，企圖將「身障者也可以打棒球」常態化，讓大家與他一樣，從棒球運動找到與身心缺陷和解的出口。但是打棒球需要很多資源，有許多身障者，工作都不好找了，遑論有需要花費的休閒運動。於是他與父親申辦協會一頭栽入推廣身障棒球，與原來隊友一起尋找新成員，共同組成以肢體障礙為主的「戰神身障棒球隊」。

協會的第一筆資金，來自隊友向親朋好友募得的一萬元，支持潘瑋杰將球隊經歷拍攝成紀錄片《出口》，雖然不足以支撐太多開銷，但是巨大的心意成為一股力量，將紀實影像幻化成動人故事，讓他得以藉由四處巡演，宣傳協會的事工。從吸引一家印刷公司老闆掏腰包贊助開始，協會慢慢站穩腳步，繼續開闢更多出口。除了原先的肢障，再集結聽障與女子棒球，自二〇一三年起每年舉辦「出口杯多元族群棒球賽」，第八屆時又加入由長者組成的不老棒球隊。因看見視障者同樣想打球、去特教學校演講時得知智能障礙孩子也有渴求，因此再另行舉辦需特殊賽事規則的「出口杯盲棒賽」及「天使杯公益特教棒球賽」，協會成為一個平台，不受年齡、性別或身心障礙的限制，每個族群都能站上球場，實現了「每個人都該有打棒球的機會。」

潘瑋杰在二〇一六年時又將戰神隊參加第三屆世界身體障害者野球大會的過程，拍成紀錄片《出口：夢想肢戰》，不但讓更多人知道協會在做的事，也因而催生出全台第一座身障棒壘球場。去美國放映紀錄片時，他受邀參觀身障專用棒壘球場，想到過去辦比賽、球隊訓練，總是很難借場地，若是有一個基地就能做更多事、服務更多族群。二〇一八年，剛好在他生日當天去帕總參加會員大會，父親在現場舉手幫他許願，希望能爭取身障棒壘球場。會後，運動員出身的洪佳君議員，向父子走來說：「我們來促成這件事。」兩年後，潘瑋杰就在鹿角溪實現了生日願望。

現在這座球場不但能做培訓、辦賽事，協會還加入各族群的免費體驗營課程，活動參與者反應熱烈、逐年成長，潘瑋杰更確信真的有需求，要努力創造環境出來。如今出口杯已成為多元族群的盛事，像是不老棒球隊因太多人報名，還要抽籤才能參加，聽障棒球隊能組成兩隊參賽，盲棒也發展出完整的三支會員隊伍；天使杯更有多達七支球隊，除戰神隊外，協會也計劃獨立運作以特教生為主的阿偉適應體育棒球隊。在這個人人平等大聯盟，有不同球隊拿過冠軍，每支球隊不以成績評選，而是由總教練選出該隊的

MVP，各族群在相互尊重與理解中競技，一同享有打球的樂趣與成就感。

因為外在環境不友善、自己內心因素或受家人保護，身障者參與運動的人數和一般人差了六〇%，加劇影響身心健康，協會的出現改變了許多人的人生狀態。《出口：夢想肢戰》片中的小兒痲痺症投手吳景傑，從小就想加入棒球隊，卻總因身體狀況遭拒，但他不願放棄，自己努力練到可以坐著投出時速一百一十公里的球，因而受協會邀請加入戰神隊，最後在世界身體障害者野球大會中，留下全球唯一「坐」上投手丘參賽的紀錄。戰神隊隊長朱廣霖，與早逝的爸爸一樣有肌肉萎縮罕病，也和爸爸一樣有愛棒球的心，雖無法預知生命何時終止，球隊讓他在活著的每一天都能盡情地打球。家住高雄患有小腦萎縮症的選手邱冠傑，經常在晚上下班後，獨自背著捕手護具、推著輪椅搭高鐵來台北與隊友練球、比賽，還把家裡改造成練習場，讓訓練不中斷。還有一位血友病球員汪松威，在賽事期間明知沒機會上場，仍場場打凝血針備戰，可以因戰力不足坐板凳，不能因身體狀況而缺席。

透過收音機「聽」棒球長大的視障者，常幻想有一天可以站上棒球場，而這樣的夢想就在盲棒賽中得到應許。俗稱星星兒的自閉症孩子，因為棒球體驗營而願意踏出房門；也有身障家長原本不太讓小孩參加活動，因為怕被取笑，但是在這個營隊就不用擔心。還有腦麻的小朋友，從不敢碰球到天天期待去打球，讓媽媽敢做「希望有一天看到孩子站著打球」的夢。參加賽事或活動，賦予身障者享有運動權，從中獲得健康、快樂與自信，不只是個人，而是一整個家庭都找到出口。然而潘瑋杰記錄、分享這些故事，不是要讓大家看他們克服了多少障礙，而是希望人們可以用一般人的角度去看待身障者，不要因為他們的殘缺，只要因他們努力、奮鬥的精神而被感動、受激勵。他認為，每個人的人生都有不同障礙，身障者與一般人沒有什麼不同。

除了持續以推動運動平權為目標，提供各種既有服務外，協會未來要努力增加身障者運動人口數，期待球隊在參與國際賽時，不用再被歸類成全民運動，而是競技項目，享有「為國爭光」的權利。也希望政府能投入資源，從政策面幫助環境更為成熟，讓打球的人越來越多，也讓參與相關工作的身障者（例如裁判、教練）能有收入，甚至進階爭取在台灣辦國際賽。不過，潘瑋杰最大的夢想是，當身心障礙者都相信自己能打球，人們看他們打球也變得稀鬆平常，那麼，就不需要這個協會了。

在運動競技最高殿堂裡突破障礙——帕拉林匹克運動會

一九四八年二戰後，英國一名醫生發現透過運動訓練，對於脊髓損傷軍人的肌力與協調性都有顯著幫助。因此為鼓勵病患從運動中幫助復健、恢復自信，醫師集結自家及另一間醫院的脊損軍人，在倫敦奧運開幕時同步舉行運動會，普遍被認為是帕運的起源。一九六〇年，第一屆帕拉林匹克運動會於羅馬舉行，參賽者包含有移動障礙、肢障、視障、腦性麻痺等有身心障礙的運動員。一九七六年，首屆冬季帕運在瑞典展開，自此帕運就每四年跟著夏季、冬季奧運由同一個城市主辦，於奧運結束後一個月內舉行。

帕拉林匹克運動會（Paralympic Games）最早是取自「下半身不遂」（Paraplegia）的字首與「奧林匹克」（Olympic）的字尾組合而成，後來字首轉成希臘語介詞「並行」（Para）的意涵，呈現其是與奧運具同等地位的運動會。不過，這項賽事進行了一甲子的時間，且一直緊跟在奧運之後舉行，受歡迎的程度卻遠遠不能相比。舉例來說，二〇二一年的東京奧運，受天時（因疫情防疫者眾）、地利（日本與台灣僅一個小時時差）、人和（台灣取得參賽資格選手倍增）的影響，應該是全台灣有史以來關注度最高的奧運賽事，當

時挨家挨戶守在電視機前，緊盯一場場精彩賽事，常常緊張到不能呼吸、胃痛、心律不整，全民同心共度疫情艱難時刻。舉重女神甜笑倒地，麟洋配的Taiwan in、翻滾男孩完美落地、排灣勇士好想奪金、小戴與對手的動人情誼，三箭客精準緊逼南韓強敵……一幕幕都讓舉國熱血沸騰、感動到哭。但是，這樣的熱度仍無法延續到兩週後的帕運，應該顯少人記得身障選手田曉雯，當時也奮力為台灣拿下桌球女單銅牌。

二〇一二年奧、帕運重回倫敦舉辦，也許是因為帕運源於英國，城市很努力想改變奧帕運的不平等，先是首創將兩個賽事使用同一籌委會（國際奧委會與國際帕委會為兩個獨立組織，主辦城市會各別成立籌委會），並傾全力擴大帕運賽事規模、兌現申辦時所提出的各項支持身障運動計畫、賽事轉播涵蓋範圍、宣傳力道也大幅增加。這些努力讓倫敦帕運取得空前的成功，國際帕委會主席在閉幕致辭時盛讚，「此次賽事是史上最偉大的帕運會」，因為數據顯示，無論是參賽國家與運動員數量、媒體報導的熱度，以及最重要的票房和觀看收視率都創下了紀錄。連社群平台Twitter都指出，賽事期間標籤#Paralympics的數量，居然擊敗許多英超足球俱樂部。

英國政府與倫敦市長在帕運結束後，發表一份聯合報告列出幾項主要成

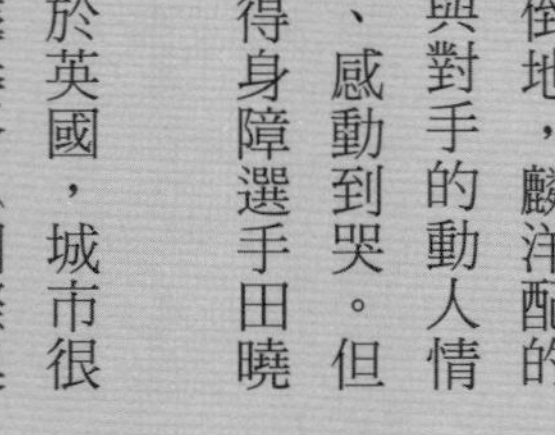

就，包含八一%受訪者認為帕運讓英國人如何看待身障人士產生了積極影響、身障者參與體育活動的次數增加、場館與其他運動環境的可達性提高等等。但是這與身心障礙者組織DPO（Disabled People's Organization）的報告結果恰恰相反，有八一%身障者表示人們對他們的態度沒有改善、二二%的人覺得實際上變更糟了、五成的人在獲得體育休閒活動方面仍存在問題。有研究者認為這與能力主義有關，帕運的成功可能只反映在頂尖的帕運運動員身上，然而普通身心障礙者才是多數，就像我們這些平凡大眾，想要從舉重女神郭婞淳手中拿半個槓片過來都沒辦法吧，身障者只想被看成是一般人，不想要非常傑出才能受到尊重。

無論如何，倫敦帕運引發社會大眾該如何看待身心障礙者的辯論也是前所未見的，讓日後帕運主辦城市有進步改善的基礎。東京帕運就專注在創造無障礙環境，並大量使用通用設計，除了賽事場館與選手村，從機場到全東京的大眾運輸系統都全面改造，這些建設不只是為帕運運動員，賽事結束後更真正能帶給一般身心障礙者無障礙的生活、運動環境，而且還擴大到親子、LGBTQ等族群的友善。國際帕委會也在賽事期間推出「一五%的我們」（WeThe15）倡議運動，期望改變人們對身心障礙者的看法，宣傳影片裡沒有任何帕運運動員，只有平凡的身心障礙者，以輕鬆幽默手法傳達核心概念：全球身心障礙者占世界人口的一五%，高達十二億人，不是少數族群，一點也不特別。WeThe15並成為一個跨運動平台，集結了體育、人權、政策、通訊、商業、藝術與娛樂領域的組織，共同為消弭不平等目標努力。接棒的巴黎帕運持續以這個概念，致力促進身心障礙者運動的普及以及社會的包容性。

即使熱度短期間仍無法達到與奧運平等的程度，畢竟帕運是身障運動員競技的最高殿堂，最能夠提升身心障礙議題的能見度。只是要記得，我們可以敬佩運動員，在競技賽事上受他們激勵，但是在平常的體育世界裡，應看待身心障礙者就是普通大眾的一分子，能享有同樣的權利與樂趣。

消弭不平等目標

↗目標10．1在二〇三〇年前，逐步實現並維持底層四〇％人口所得成長速度，能高於全國平均水準。

↗目標10．2在二〇三〇年前，賦予所有人權利並促進其社會、經濟和政治的融合，無論年齡、性別、身心障礙、種族、出身、宗教、經濟或其他身分。

↗目標10．3確保機會平等並減少不平等，包含消除具歧視的法律、政策和措施，並促進適當的立法、政策與行動。

↗目標10．4採用適當的政策，特別是財政、薪資與社會保障，逐步實現更大程度的平等。

↗目標10．5改善全球金融市場與金融機構的法規與監管，並加強化執行。

↗目標10．6確保發展中國家在國際經濟與金融機構決策中的代表性與發言權，以建立更有效、可靠、負責與合法的機構。

↗目標10．7促進有秩序、安全、常規和負責的移民與人員流動，包含實施有計畫與管理良好的移民政策。

↗目標10．a依據世界貿易組織協定，對開發中國家，特別是最低度開發國家實施特殊與差別待遇原則。

↗目標10．b依據國家計畫和方案，向最有需要國家，特別是最低度開發國家、非洲國家、小島型開發中國家與內陸發展中國家，提供官方發展援助與資金流動，包含外資投資。

↗目標10．c在二〇三〇年前，將移民匯款交易成本降至三％以下、消除手續費高於五％匯款。

第三篇

Governance 治理

運動助攻利他益己

12

SDG⑧就業與經濟成長
各行各業盡在運動產業

Taiwan No.1在紐約大都會

好友資深球評曾文誠先生，在二〇二三年受邀至美國職棒大聯盟的「紐約大都會台灣日」開球，還揪了先生擔任接球捕手，讓我們有幸以眷屬身分，近距離參與這場年度盛事。大聯盟不少球隊有辦台灣主題日，自二〇〇五年開始年年舉行（除二〇二〇年因疫情停辦）的大都會台灣日，歷史最悠久、規模最盛大，曾有名導李安、諾貝爾得主李遠哲及網球一哥盧彥勳等台灣名人開球，並搭配原住民舞蹈、明華園及三太子等具台灣文化的表演活動，前總統蔡英文也數次在球場大螢幕現身介紹台灣。

台灣日的幕後推手是台灣囡仔、亞洲市場負責人王偉成，他辦公室座椅掛的球衣背號十一，代表員工入球團年分，在大都會工作逾十年，王偉成用豐富多元創意推動的台灣日，成為每年全美台僑聚集的驕傲同鄉會，各城市僑界商會皆踴躍贊助、包票力挺。二〇二二年請到前職棒球星彭政閔開球，就締造隊史最暢銷主題日佳績。

二〇二三年票房更攀高峰，開球嘉賓曾文誠的號召力外，獲邀表演的台灣職棒啦啦隊樂天女孩更推波助瀾，讓可領取印有Taiwan背號一號紀念球衣的五千張套票銷售一空。而且對手是有大谷翔平加持的洛杉磯天使隊三連戰，台灣日票房卻勝過首戰的日本文化之夜，足可見其打下的深厚基礎。二〇二四年因球團母企業整併，王偉成新職務不再負責主題日，雖意謂著台灣日可能停辦，他在大都會過去的成績仍堪為台灣之光。

大都會隊總教練休瓦特（Buck Showalter），曾在巴爾的摩金鶯隊帶過旅美好手陳偉殷，他多次公開為台灣正名，指示媒體「台灣就是台灣，不是中華台北」，非常友台。二〇二三年台灣日，更貼心指派才剛加入球團的台籍營養師江健鳴，代替他與對方總教練交換攻守名單，小小巧思卻展現對台灣的重視。江健鳴之前在多倫多藍鳥隊服務多年，是大聯盟首位台籍營養師，球隊一個月有十八天在主場，賽前他都要提早幾個小時到場把關球員飲食，誰有過敏、腸胃問題，誰現階段需要補充、控制什麼，各種疑難雜症他都必須清楚。剩下十二天跟著球員出去征戰客場的他，更要熟知聯盟另二十九支球隊城市主場附近有什麼適合的餐廳，還得為隊中的拉美、日籍球員訂不同偏好的餐點。他需管理六名球團在小聯盟球隊的營養師，所以身形練得精壯如運動員，才能維持應付龐雜工作的體力與清明思緒。

大都會隊還有一位台灣人、年輕的數據分析師傅冠禎，當時加班來負責帶領我們入場到包廂，接著再引導至球場開球，才到球團第三年，但是沿路每位同事都會跟他開心聊上幾句，感覺很受大家喜愛。從踏入球場到見證曾兄走上投手丘的過程，我充分感受到因著這三位台灣人在球團內部的表現，讓參與這場活動的來賓都備受尊重。美國為保障本國人工作權，對於企業雇用外國人，有極嚴苛的標準，必須拿出加倍的專業能力，才能證明自己值得占住職缺。他們三人能在球團不同部門得到信任居於要職，實在難能可貴。

台灣前後還有許多人為美職服務，包含費城費城人隊球探王金勇、匹茲堡海盜隊球探江睿彥、波士頓紅襪隊小聯盟教練兼翻譯江肇軒、紐約洋基隊球探李朋坡、底特律老虎隊數據分析師林哲玄、前華盛頓國民隊防護員徐加恩、聖地牙哥教士隊球探耿伯軒、舊金山巨人隊運動表現分析師詹明昇、前洛杉磯道奇隊亞洲事務部經理廖昌彥、明尼蘇達雙城商業策略分析師楊詔元、前大聯盟亞洲區官方社群製作人劉祐廷、舊金山巨人隊亞太區球探薛奕煌、亞歷桑那響尾蛇隊球探魏子堯等人。感謝這些Taiwan No.1的努力打拚，讓世界看見台灣的能力，期待有更多台灣人，依專業進入各種國際運動組織，在全球運動產業嶄露頭角。

就業與經濟成長目標：促進包容且永續的經濟成長，充分的生產性就業，以及每個人都有合宜的工作。

運動產業發展得好，將創造驚人產值，不輸時下最熱門的科技業。二〇二四年，「棒球之神」貝比魯斯在一九三二年的客場球衣以約台幣七・七億元天價拍出，打破「籃球之神」麥可喬丹約台幣三・二億元的一九九八年總冠軍賽球衣紀錄，成為史上最貴運動收藏品；史上最貴球票則是落在二〇二四年美式足球超級杯，一張高達約八百萬台幣。頂尖職業運動員足以富可敵國，刷新全球運動史合約金額紀錄的大谷翔平，光是被偷的錢都是平常人十輩子賺不到的；二〇二五年甫退役的台灣旅外棒球好手陳偉殷，職業生涯所累積的薪資，被戲稱可以買下整個中華職棒。當然，這跟其他產業首富一樣是極端例子，所以選項不是只有運動員，運動產業所需職缺非常多元。

台灣的大學錄取率已接近百分之百，考取大學非難事，但科系選擇似乎偏功利導向，學生擠破頭要進有「錢」景的科系，造成出路看來不那麼光明的科系，皆招生不足甚或廢系。行行出狀元，社會需要各行各業才能正常運作，不應只向某些賺錢產業傾斜。若是每個人都能獲得合宜工作，萬事互相效力，那麼世界才能共同邁向經濟成長、永續發展。

光是運動產業就有各種人才需求，若是愛運動，不一定要念體育系，不管讀什麼科系都能有飯吃。台灣的大學共有十八個學群，從近年最熱門的「資訊」、「工程」、「數理化」說起，若是沒興趣當科技新貴，可以研發運動商品、設備、運動科學所需軟硬體，或是做運動數據分析師；「醫藥衛生」與「生命科學」，可以從事運動醫學、物理治療師、運動營養師等工作；「藝術」、「建築與設計」與「大眾傳播」更有非常多職務，像是做運動場館與都市規劃，為運動組織、賽事，以及體育服飾用品品牌，做相關的營運與行銷，如企劃、設計、廣告、公關、影視製作、應援曲，還有體育媒體中的新聞、轉播、節目等等；「生物資源」與「地球與環境」，能將生態環境教育與戶外運動連結，還有獨特的球場草皮養護工作；「社會與心理」可以當運動心理諮詢老師、進入運動相關NPO組織；「外語」則是做與運動有關的翻譯工作，如運動員翻譯、體育新聞編譯、運動組織翻譯等；「文史哲」能做體育記者、體育歷史考查、運動文學作家等文字工作；政府機關的體育局處、營利或非營利運動組織裡所需的人才，如政策法令、經營管理、人資、法務、財經、行銷，都可以在「管理」、「法政」、「教育」與「財經」學群中找到；最後一個學群「遊憩與運動」屬本業就不再列舉。

這些只是「學以致用」的思考，台灣有許多與運動有關的跨領域優秀人才，比方有中文系與警校畢業的知名球評曾文誠與石明謹、念管理科學後來成為運動Podcast節目製作人的王啟恩、外文系做體育主播的李秉昇，還有學社工的棒壘球裁判劉柏君等等。運動員退役後，也不一定只能當老師、教練或球評，有人從事餐飲、做運動行銷、當藝人，也有人從政，還有成為CEO。各行各業盡在運動產業，愛運動就找得到工作，不一定能發大財，但是讀喜歡的科系，又做與興趣有關的事，一定可以樂在工作，實現「就業與經濟成長」目標。

運動是門好生意——展逸國際

展逸國際在二〇二三年登錄興櫃市場，成為台灣第一間以運動休閒類股中請IPO的企業，有企業勇於挑戰資本市場，意謂著台灣的運動產業前景看好。展逸國際創辦人張憲銘曾是職籃球星，退役後當過球評與賽事主播，後來到NBA雜誌工作時，發現自己想往推廣運動的目標前進，於是創立了展逸。

從運動行銷起家，直到踏入興櫃市場，展逸的事業版圖幾乎涵蓋整個台灣運動產業的工作範疇。展逸1.0版主要是為運動品牌做行銷，包含活動行銷、媒體公關、通路整合，以及相關的平面、展場、3D、商品、硬體創意設計。展逸2.0版跨足運動經紀，為王建民、陳金鋒、郭泓志、陽岱鋼、林書豪、吳永盛、陳柏良、曾俊欣等運動選手，做職業加盟簽約、代言贊助、法務授權管理，並發展出展逸的IP「Be Heroes」，為旗下運動員建構創造價值的平台，舉辦經典賽事、展覽、講座、訓練營等活動，及販售活動聯名商品、經營自媒體頻道、做公益回饋等。展逸2.0還進階承辦運動賽事，如威廉瓊斯杯、Be Heroes經典傳承賽，以及於二〇一八年進軍中國，將台灣的1.0與2.0經驗拓展至大中華。

展逸3.0版擴大成為整合運動、健康休閒、娛樂領域的集團，成立多間子公司，服務對象從B to B增至B to C。運動方面有針對學生客群的運動教育，包含體育課程、訓練營、賽事活動與轉播等；還有運動中心場館營運、舉辦社區運動課程、講座等活動。健康休閒則有針對女性客群的健身課程，結合餐酒館，提供消費集點換免費運動課程，以及開設Be Heroes Café做為社區經營據點。娛樂則是與影視公司合作，製作運動題材的節目、運動文化影視作品。若成功上櫃，展逸4.0的藍圖將延伸至運動旅遊、運動科技，以及熟齡銀髮族群的經營。

這樣龐大的事業體就像是台灣運動產業的縮影，集團需要各領域的人才，因而產生各種就業機會。張憲銘曾是運動員，事業又以運動起家，特別樂意採用運動員出身的人，支持他們的職涯朝不同領域發展。像是集團首席執行長金立人就曾是HBL籃球員，用運動員精神在職場上奮戰，屢獲各大經理人獎項肯定。張憲銘認為運動員其實腦筋很活，只是求學過程都專注在訓練而荒廢課業，只要把運動領域能力放大，在任何職場都能有很好的發揮。他以自己為例，謙稱雖然有臺師大EMBA學歷，但其實只有「國中畢業」，不過受過基礎教育就有閱讀能力，他喜歡從觀看書籍、影片中找人生智慧，將領悟到的事，結合過去打球的經驗，運用在工作中。像是他覺得經營管理就像在球場，要傳球還是自己上？要怎麼和教練、隊友溝通才能贏球？輸球如何檢討才能繼續往前走？過去當球員的經驗都能幫助他判斷這些問題。因此他時常鼓勵工作夥伴，試著在看完自己有興趣的東西後，練習寫或講出心得感想，鍛練思考能力。

展逸國際在運動產業就業市場創造了多元職缺，無論運動或非運動專業，只要認同集團的大方向，都能在這裡找到合宜的工作。張憲銘認為，相較於國外成熟市場，台灣的運動產業還在建構階段，但這也表示很有成長空間。現在的銀髮族與熟齡世代健康意識抬頭，重視生活品質，觀念普遍轉變，願意投資自己的身心健康。若為人父母，無論參與型或觀賞型的運動，也都有更多的投入，家長會栽培孩子「補習」運動、參加訓練營與賽事，或是帶著全家一起看運動賽事、購買相關商品，這些孩子將來就算不成為競技選手，也可能成為關注運動的消費者，市場需求自然會提升。因此他看好未來十年，台灣運動產業將會蓬勃發展，這也是展逸進階3.0上看4.0的原因。做生意賺錢自然是企圖，或許張憲銘更期盼的是，展逸能引領台灣運動產業一同展翅高飛。

運動開展好職涯——中華民國運動員生涯規劃發展協會／國手匯

1.中華民國運動員生涯規劃發展協會

運動產業發展好的國家，職業運動員會是眾多工作中的熱門選項，甚至可以靠此發達。在台灣，目前雖有幾項職業運動正在成長，但仍是一條艱辛的窄路，只有少數人能通過挑戰，難度可能不輸醫師、律師、會計師等專業。若是無法成為職業運動員，運動員特質能不能成為一項專長，讓他們發展更好的職業生涯？有一個人，願意陪運動員一起找答案。

臺體大兼任講師、作家、兩屆金鐘獎入圍《空中荃運會》節目主持人、中華奧會教育委員……擁有眾多頭銜的曾荃鈺，人生下半場最專注經營的身分，應該是「中華民國運動員生涯規劃發展協會」理事長。曾荃鈺雖非運動員出身，大學就讀臺體大運動科學系，學習防護貼紮、健康促進等運科專業，接觸過許多運動員，本身也熱愛運動，尤其是三鐵，因此特別關心運動員。擔任專業講師多年後回母校任教，發現學生運動員的困境，沒有改變太多一直在循環。運動員生涯短暫，一％能奪牌的明星選手外，剩下九九％的運動員人生該如何發展，是他特別關注的。於是他除了在課堂上提供協助，也用私人時間陪伴學生探索未來。

二〇一七年台灣社會因台北世大運而更為關注體育，曾荃鈺因而主持專訪運動員的廣播節目，他相信即使是九九%不出名的選手，都有值得大眾學習的東西，所以利用這個機會分享運動員的故事，也讓他們經由爬梳經歷，提取出自己的優點，增加自我認同。三年來訪了上百位運動員，電台轉型節目停播後，他想找更多管道幫助運動員，成了創立協會的契機。協會運作沒多久卻遇上疫情，所有計畫緊急暫停，曾荃鈺就在這段時間，整理過去的訪談撰寫成書，內容再改製成教材以及介紹運動員的演講素材，反而因此讓協會想做的事更為齊備。

什麼是協會想做的事呢？就是為運動員與社會，創造橋樑、連結對話。經由分享運動員的故事，讓大眾對運動員更為認識或受運動員啟發，進而創造對運動員友善的環境；經由教育幫助運動員找到自我價值、探索興趣及放大在運動場上累積的能力，並讓運動員更認識社會產業，進而為自己規劃生涯。曾荃鈺認為生涯規劃沒有成功不成功，只是出生到死亡間不同的選擇，有時會轉彎、會做不同排列組合，重點是過程是否自由快樂。運動員往往從小到大只有一條路可走，離開運動後的選擇很少，或是不知道能做什麼，因此幫助運動員知道自己要什麼，以實踐自我，是生涯規劃的核心，這是一條漫長且沒有終點的歷程，所以協會的關鍵詞是「陪伴」。

曾荃鈺用他最擅長的方式陪伴運動員，那就是教育，協會創立運動員生涯教育學院，用系統性的教學，一步一步引導運動員探索自我，並透過各方專業人士演講授課、工作坊、企業參訪，以及實地參與向政府、企業的提案報告等方式，提升運動員口語表達溝通、簡報、建立個人品牌等軟實力。學院教的是視野，教運動員看見自我以及了解不同產業，知道自己喜歡、適合什麼產業，每個產業需要什麼樣的人才、需具備什麼條件。教的不是硬實力，而是所需的專業條件，如語言能力、軟體應用、證照，就必須自己去學習。提供的是方向與連結，而不是直接媒合工作；將人脈資源帶到學員面前，但如何把握、創造機會，也是自己要去思考爭取的。所以協會並不是職訓單位、速成補習班、運動經紀或是人力銀行，是需要運動員有強烈的學習動機，接受人助，也願意努力自助的學習型社群。譬如協會成員前HBL球員謝昀庭，因熱愛流動畫藝術而全職投入創作，在企業參訪時主動將自己的作品，以協會名義送給企業收藏，因此得到合作做內訓的機會，就是人助自助的絕佳範例。

許多人反饋曾荃鈺比運動員還運動員、不像老師更像大哥哥甚或父親，讓協會像個家，迷惘時可以回來問，也許無法提供答案，但會陪伴一起去找方向。每個運動員的特質不同，陪伴也需要花時間，因此學院最重要的計畫是講師培訓，期待培育出更多具影響力的運動選手，讓運動員的故事影響社會大眾，獲取更多社會關注。這是需投入時間上課、參訪企業，課前、課後都有作業，內容相當紮實的課程，完成學習後還須做三場公益演講才能得到認證，兩年間已培育出三十六位講師，持續擴大影響力。其中一個顯著的例子是拳擊選手潘啓誠，從大學時期就因曾荃鈺的陪伴，從國中被留級、蹺家、遭教練冷凍，認為自己不當運動員後就只能去開卡車的問題學生，變成上海體育學院博士候選人。曾荃鈺因授課認識潘啓誠，看到他的潛質，從陪練跑開始漸進引導他思考人生，假日帶著他參與自己的演講活動，鼓勵他在學校成立奧林匹克教育研究社，擔任社長展現領導能力。參與奧會課程而甄選上奧會國際研討會代表，用破英文加比手畫腳，想盡辦法與各國成員加社群交流。後來持續參加各種奧會活動，從中發現自己對教學有興趣，而報考上海體育學院碩士班。學成回國後，曾荃鈺先讓他擔任助教，又再將自己的課撥一半給他試教，他因此更確定自己想走教育之路，現又再赴上海攻讀博士班。潘啓誠生涯規劃至今，曾荃鈺就是扮演陪伴的角色，提供方向與資源，在他面臨抉擇時適時推一把，而要不要做、該怎麼做，全是靠自己判斷爭取。成為講師的潘啓誠，又能再陪伴更多個潘啓誠，找到自己人生的目標。

從陪伴的角度出發而不是攻略式教學，才是真正受用的學習，大多體育班出身的運動員，過去很難在課堂上坐得住，但是來到這裡，是為自己而不是為別人求學，全都會拚命做筆記、勇於提問，互相感染求知慾。這樣積極學習的氛圍，也讓前來分享的講師非常感動，許多在業界厲害的專業講師，都願意一來再來，甚至一位每年只給非營利組織兩場演講的講師，連兩年都將配額分給協會。因此學院堅持授實體課，以創造共同成長的環境。一旦找到目標，運動員的專注力、意志力、耐挫力等特質就會發揮出來，為自己的生涯賽場做最好的規劃。

2.國手滙

另一位與曾荃鈺一樣關心運動員的非運動員，也將關愛轉成實質的幫助，那就是台灣最快完成世界六大馬拉松的業餘跑者、被譽為台灣最速總經理，人稱象總的王冠翔。象總熱愛跑步，因而結識許多跑者，特別關注跑者們的運動生涯。不只是跑者，台灣只有棒、籃球有職業組織，其他運動員退役後，除了當老師、教練，能不能有更寬廣的出路？或是在現役時，能不能靠這項運動養活自己？可以不用一邊工作一邊訓練，專注競技表現成為職業選手，都是象總時常思考的問題。

台灣馬拉松奧運國手張嘉哲就是能專職當跑者的特例。除了以優異的成績表現，持續為自己爭取贊助、代言機會，他也有生意頭腦，創辦商行販售運動相關商品。還利用在跑圈的號召力，創立長跑扶輪社，受核准一個月內就有近六十位社友，廣結業界菁英人士，讓公益與商業交互作用，提升長跑運動大環境的永續性，希望更多人都能成為職業跑者。於是王冠翔與張嘉哲，這兩位業餘與職業跑者好友，發起「國手滙」計畫，期盼將象總在行銷傳播界的能力與人脈，結合張嘉哲的成功經驗，幫助更多運動員，擁有光明的職涯。

國手匯是一個平台，整合行銷、場地、各領域專業人士的資源，建立運動員網路，幫助他們加強個人形象，提升在運動產業中的商業價值。於二〇一九年進駐寶藏巖國際藝術村，以此為基地每個月推出課程，請各方專業老師授課，協助形象的塑造與第二職涯啟發，如導演、劇場表演者，教他們如何受訪、表達自己；商業管顧指導形塑個人品牌；餐飲界介紹輕食料理、營養管理；創業成功的運動界前輩分享經驗；心理諮商團體課程，幫助選手面對運動生涯的起伏等等。還有專屬網站、個人化商品，以及法務、財務諮詢等服務。此外，選手最需要的資金，國手匯雖非經紀公司，也能運用整合資源媒合商業合作機會。

國手匯一方面要求選手各自經營個人品牌，在其後擔任加速器的角色。一方面協助他們打團體戰，當有贊助與業配機會，廠商不能指定選手，所有人齊頭式平等共同分配所得。知名度較高的跑者如張嘉哲、曹純玉，不怕因此打壞自身行情，願意以公益回饋的心態拉抬後進，大咖帶著小咖，慢慢把大家都往上提升等級，整體環境好，所有人都能共享成果。每個人的社群，追蹤人數都持續成長，更有機會藉帶企業跑團、擔任講師或是代言，增加收益。

二〇二二年國手匯再創造獎勵機制，增加跑者的關注度與國際地位，以台灣首位參加奧運馬拉松項目的陳長明先生命名，設置「長明賞」，每年選出台灣在長跑運動上具貢獻的選手，尤其是於國際賽事獲得殊榮或長跑成績有重大突破的跑者。首屆頒獎典禮就極具創意，沒有辦在運動場館，而是在國家音樂廳舉行，找年輕音樂家合作，進行六個小時馬拉松式的儀式與表演，場外搭配跑者聖地中正紀念堂廣場，舉辦六個小時的超馬賽。每年都成為各方跑者期待的盛會，因此才短短三屆已被譽為跑界奧斯卡獎。

雖由支持跑者開始，但是國手滙知道還有許多運動選手有著同樣困境，一開始就命名為「國手」與非「跑者」，就是希望能滙集不同運動員。選手有時需要的不只是物質層面，還有精神層面的支持，有同伴相互扶持，一群人一起向前跑，會跑得比較久，因此現在戴資穎、鄭兆村等優秀運動員，也都願意加入團結力量。靠有錢企業來贊助選手，不如把選手變成有錢企業，是國手滙更遠大的目標，未來規劃在冷門的運動領域，培養出一隻年薪能創新高的獨角獸，提高天花板，讓運動員變成是個好的職業選擇之一，而這隻獨角獸也會因著熱愛這項運動，再回來幫助環境裡的更多同好，同好。

就業與經濟成長目標

↗目標8．1依據國情維持人均經濟成長，特別是最低度開發國家，每年國內生產毛額成長率至少七%。

↗目標8．2透過多元、技術升級與創新，包含將重點集中在高附加價值與勞動密集的產業，實現更高水準的經濟產能。

↗目標8．3推動以發展為導向的政策，支援生產活動、創造合宜就業、創業、創意與創新，並鼓勵微型、小、中型企業的正規化與成長，包含提供金融服務。

↗目標8．4在二〇三〇年前，根據已開發國家帶領的永續消費與生產十年計畫框架，逐步提高全球消費與生產效率，並努力使經濟成長與環境退化脫鉤。

↗目標8．5在二〇三〇年前，實現所有人（包含年輕人與身心障礙者）都得到充分的生產性就業與合宜工作，並且享有同工同酬待遇。

↗目標8．6在二〇二〇年前，大幅減少失業、失學或未接受職訓青年的比例。

↗目標8．7立即採取有效措施消除強迫勞動、終結現代奴隸制度與人口販運，確保禁止最惡劣形式的童工，包含童兵的招募，在二〇二五年前，消除一切形式的童工。

↗目標8．8保護勞工權益，並為所有工人（包含遷徙性勞工，特別是女性及就業不穩定的工人）創造安全可靠的工作環境。

↗目標8．9在二〇三〇年前，制定並實施政策以促進永續觀光業，創造就業機會並推廣地方文化和產品。

↗目標8．10強化國內金融機構的能力，擴大所有人取得銀行、保險與金融服務的機會。

↗目標8．a增加給開發中國家，特別是最低度開發國家的貿易援助，包含為最低度開發國家提供貿易相關技術與更好的整合架構。

↗目標8．b在二〇二〇年前，制定並實施全球青年就業策略，落實國際勞工組織的《全球就業契約》協定。

13

SDG⑨永續工業與基礎建設
用體育建設國家

我的世界杯編年史

要稱自己是運動迷，不能不認識全世界最受歡迎的運動項目，台灣過去不像現在有英超、西甲、歐冠杯等賽事可看，要了解足球，唯有世界杯一途。我從一九九四年開始成為每四年一次的「一月球迷」，哪隊有帥哥就支持哪隊，絕對不逾越「非專業」球迷本分。

回顧我所參與的戰役，一九九四年是看義大利帥哥巴吉歐（Roberto Baggio）十二碼踢飛冠軍年，一九九八年則是看巴吉歐雪恥年，從膚淺的顏值入門，再因激勵人心的故事持續下去。二〇〇二年我認為可能是台灣世界杯足球迷元年，在日韓舉行賽事，最接近我們，最沒有時差，足球帥哥界代表貝克漢正值巔峰，我身邊漠不關心運動賽事的女性或男同志，成天討論哪隊有八塊鮮肉肌，不時望著高級內衣服飾廣告海報流口水，很開心大家終於知道世界杯的魅力了！我以三朝元老姿態，帶領朋友追逐賽事，講解什麼是越位，分享感人或八卦小故事。此後，這股熱潮會因舉辦國與台灣的時差而有差異，也會隨著帥哥球員人數而起伏，每四年身邊一起瘋世界杯的朋友總是來來去去，我們也經由一次又一次的賽事，更認識世界各地不同的國家與城市。

二〇〇六年是我正式成為德國隊球迷的一年，二〇〇二年時就對鎮守德軍球門大關的卡恩（Oliver Rolf Kahn）敬佩不已（外形完全不行，所以是真愛），二〇〇六年期望看他雪恥，我的嬸嬸是德國人，關聯感更深刻些。那年叔叔嬸嬸照往例在暑假帶堂妹們回德國探親，請我去住他們家照顧兩隻毛小孩，叔叔家位於新店山區，是我的避暑山莊，也是個小型地球村，有各種國籍的鄰居。其中一位義大利人也有叔叔家鑰匙，以備我在加班趕不及回家時幫忙遛餵狗。每次他協助處理完事情，就會留下字條如「我八點帶牠們去上過廁所了，義大利最強！」、「颱風快來囉，所以我把陽台的盆栽搬進來，義大利萬歲！」而我的回覆也會讚揚義大利，直到四強戰。「真的很謝謝你幫忙，但是，明天德國隊會贏！」在義大利即將對戰德國時，我留下忘恩負義的話語。

四強戰，我和一群德國鄰居，在颱風天凌晨一起看著德國在延長賽被義大利淘汰，又緊接著追在紐約先發的王建民登板，好平復失望的心情，感恩颱風適時登陸，讓我得以賽後補眠。隔幾天，我也很有風度地向義大利好鄰居道聲恭喜，他們在ＰＫ

戰中贏得冠軍。

二〇一〇年在拉斯維加斯度假，過往時常與同事在公司開賭盤的我，怎可錯過在世界最大賭場下注的機會，與全球賭徒一起看事不關己的冠軍戰，卻是刺激感翻倍的觀戰體驗。二〇一四年我是個懷胎剛過三個月安全期的孕婦，在台南遍尋不著沒有煙霧瀰漫的酒吧，最後只好和朋友窩在青春麥當勞，吃著買一送一大薯，藉著好孕，看著我的足球祖國七比一血洗巴西進入冠軍戰，並在數天後捧起大力神杯！二〇一八年再度赴美旅行，坐享較親切的時差，早上瘋世足，晚上追MLB。二〇二二年則在是否該抵制爭議不斷的卡達世界杯中掙扎，最後以參與國際特赦組織的連署放行自己，好見證梅西在世界杯的最後一舞，在神劇本中成為足球世界的GOAT。二〇二六年世界杯將在加、美、墨三地開打，從沒親臨現場看球的我，已經加入FIFA會員，準備在開放預購時搶票，要將球迷人生清單的重要一項打勾（goal）！

永續工業與基礎建設目標：建立具韌性的基礎設施，促進包容與永續的工業，並加速創新。

國家體育發展的重要一步，就是舉辦大型運動賽事，能為主辦城市帶來許多有形無形的遺產，諸如強化國家體育發展、促進運動風氣，擴大國際和城市間經貿合作、帶動投資，豐厚的觀光收入和日後效益，行銷城市、提升能見度、扭轉負面形象，還有都市改造活化、增加市民光榮感等等。其中因應運動場館、選手村、交通等需求而產生的建設，若規劃得宜，都將在賽事結束後繼續佳惠當地居民。這些遺產對已開發國家來說，將獲得更顯著的加乘效應，發展中國家也能藉此升級，二〇二二年主辦世界杯的轉型中小國卡達，就是為了這些好處而來。

然而遺產也可能是負面的，甚至大於正面遺產拖垮城市。最常見的是債務，許多城市原本預計的花費與最終耗資相去甚遠，像是一九七六年蒙特婁奧運，三十年後才還完欠債。未思考永續發展，且壓縮到幾年內完成的場館，不但會形成巨大財務負擔，沒有再被充分利用還會變成蚊子館。觀光亦為兩面刃，賽前為整頓市容對弱勢族群進行的街頭清洗，會引發人權衝突和社會問題；大量遊客也會對當地人或其它旅客造成排擠效應，居民離開、旅客避免前往旅行，讓原本受歡迎的景點或國內其它城市，反而流失觀光客。二〇一四年足球世界杯主辦國巴西，人民就因利益受損，策劃大規模抗議活動，社會動盪一直延續到二〇一六年里約奧運，嚴重影響場館建設與賽事進行，反讓政府舉債、國際形象更差。天災、戰爭或流行病，更是無法預測的風險，二〇二〇年爆發的COVID-19，就讓東京奧運預期產值付之一炬，從刺激經濟發展的強心針，變成拖累日本社會的毒藥丸。

現代奧運曾經因為太賠錢，造成一九八四年沒有城市願意舉辦，洛杉磯因而得到奧會承諾補償損失，現有場館齊備無需建新設施，還有企業贊助策略助攻，使得最後未賠反賺。洛城經驗再度吸引許多城市競相角逐主辦權，往後一屆比一屆盛大，如選手成績般，花費紀錄每四年就被打破一次。賽事結束後，總是能留下些什麼，是至今世界各國仍不畏舉債積極爭辦大型賽事的原因。台灣足球風氣漸盛，國家隊踢進世界杯，甚至主辦世界杯，機率非常低但不會是零，若想美夢成真，至少各縣市政府得先有個像樣的足球場。要推廣任何運動、興旺產業，場館設施的優化、興建及維運是基本條件，運動普及關乎國人健康，也可說是重要的基礎建設。總之，要追求「永續工業與基礎建設」目標，運動，絕對是值得運用的手段之一。

凡辦過必留下成績——大型運動賽事的遺產

賽事遺產難以量化，每個城市的遺產報告大多報喜不報憂，究竟是賠是賺，端看站在什麼立場角度。回顧過往大型運動賽事，以主辦城市人民利益為中心，都市規劃先於承辦賽事，都能收到較好成效，或多或少留下一些好建設、好改變、好影響，值得未來中、主辦單位借鏡。

1. 偉哉高第與女王——一九九二巴塞隆納奧運＆二〇一二倫敦奧運

至今讓我印象最深的聖火點燃儀式，是一九九二年巴塞隆納奧運，由帕運射箭選手將火點在箭矢上，精準射向七十公尺遠、二十一公尺高的聖火臺。巴塞隆納除了高第的建築，奧林匹克公園因此成為我必去景點，多年後如願親訪那座聖火臺時仍感動不已，一場開幕表演影響到遠在亞洲旅客的觀光選擇，這就是奧運的遺產。

為發展觀光與商業活動，巴塞隆納在一九七六年即開始做都市規劃，全面更新機場、地鐵、公路交通系統，重塑公共空間與博物館，整治下水道並興建運動場館。城市是在計畫進行數年後才申辦奧運，且無論申辦成功與否，所有建設仍會進行。一九八六年取得申辦權時，三十七個運動場館已經

蓋好二十七座，一九九二年正式舉行前，城市早已萬事皆備，好整以暇地等待旅客到來。得天獨厚的地理、氣候，以及建築、藝術文化底蘊，讓巴塞隆納本來就很具發展觀光的條件，奧運成了加速器，一九九三年後觀光業以驚人速度成長。去歐洲或西班牙旅遊，巴塞隆納至今仍高居排行榜前段班。

〇〇七護送英國女王跳傘從天而降進入奧運會場，也是人們津津樂道的經典開幕式。而倫敦與巴塞隆納相仿，同樣在奧運前就開始做都市規劃，一九九〇年為開發較為落後的東倫敦五大區，政府啟動一系列包含大眾運輸、商業進駐、泰晤士河閘道等更新計畫，以至二〇〇五年申辦奧運時，所有賽事需求早就水道渠成。二〇一二年賽事結束後，倫敦市府仍持續履行當初提出的奧運遺產承諾，雖然成效是否如預期見仁見智，但倫敦奧運與帕運最用力的公關行銷，普遍被認為空前成功，對凝聚英國人心有極大助益，這份驕傲感說不定也成為日後脫歐的底氣。

由都市計畫承先，申辦奧運啟後，產業發展與基礎建設才會形成永續循環。

2.全世界都在看亞非兩洲——二〇〇二韓日世界杯&二〇一〇南非世界杯

一九三〇年開始的世界杯足球賽，一直是歐美國家輪流主辦，這個傳統在二〇〇二年由南韓與日本聯手打破，世界杯首次在亞洲舉行，也是第一次由兩個國家合辦。受制於FIFA壓力，讓這對世仇為了運動難得合作，也向世人展現兩國耕耘多年的足球水準，印證具體育大國的實力。主辦世界杯讓兩國足球發展更為蓬勃，南韓過去就數度進入決賽圈，本屆更拿到殿軍，全民瘋足球，幾乎可說是國球的程度；日本職業足球成長亦來到高峰，甚至威脅到職業棒球的地位。

這股風潮不只在兩國，FIFA大力宣傳世界杯，亞洲市場成為國際品牌的焦點，足球熱浪在全亞洲發酵，首度踢進世界杯的中國，直稱二〇〇二年為其足球元年；本來就熱衷足球的香港、泰國、馬來西亞等地，足球運動的廣度與深度也更為展開；許多台灣人也是在這屆開始認識足球，每四年就會全民瘋世足一次。

前南非總統曼德拉，早在一九九四年就積極爭取世界杯，二〇〇二年的跨洲經驗讓FIFA更樂意拓展版圖，南非因而申辦二〇一〇世界杯成功。舉國耗費鉅資更新基礎建設，最後確實帶來觀光進帳，更重要的是，運動團結了南非，國家認同讓種族隔離的解放真正實現，也大大扭轉南非的國際形象。

南非不斷宣稱這是屬於非洲的世界杯，可以促使國際對非洲投資、帶動觀光與經貿活動，其他非洲國家在這段期間都得到了外溢效益，在周邊舉辦展覽宣傳，贏得世人注目，賽事期間建立的區域性套裝旅遊行程，在賽事後繼續熱銷。非洲許多國家的足球也持續成長，輸出許多好手到歐美職業聯盟，還經常在世界杯中扮演黑馬，驚艷全球。

國際足總跨足亞洲與非洲，世界杯成為真正的世界杯，也讓足球推動了全球社經發展。

3.從公廁的完美日常到塞納河上流動饗宴——二〇二〇東京奧運＆二〇二四巴黎奧運

疫情重創二〇二〇東京奧運，損失至今難以估計，但因奧運而生的計畫也有遺留美好痕跡。為了讓奧運期間的旅客感到賓至如歸，並改善大眾對公廁的負面印象，「東京公廁計畫」邀請安藤忠雄、伊東豊雄、隈研吾等十七位知名建築師，設計改造東京的公廁。原商請國際名導文・溫德斯（Wim

Wenders）拍攝宣傳短片，結果導演在勘景後過於驚嘆，決定改拍成電影——《我的完美日常》，由日本影帝役所廣司出演公廁清潔員，完美詮釋日本對公共利益的態度、藝術成就和職人精神。最後橫掃坎城、亞太影展等國際大獎，並代表日本角逐奧斯卡最佳國際影片。這十七間公廁不但造福人民日常，也成為東京新景點，並為東奧受挫的日本，存留小巧幸福的資產。

塞納河之美已舉世聞名，要怎麼讓她更驚豔世界？巴黎透過二〇二四奧運向眾人展示。開幕式打破傳統不在體育場揭幕，而於塞納河舉行，河道是運動員乘船進場的伸展台，左右兩岸則為十二個主題表演的舞台，大雨滂沱仍不減創意震撼力，並在高難度維安中圓滿落幕。另一項塞納河亮點，是三鐵賽事的游泳項目，選手得以在河中競逐。十九世紀後塞納河因污染過重而禁止人民下水，一九八八年的巴黎市長宣告要讓河水重新適合游泳，這個承諾在三十六年後終因奧運兌現，不過儘管為達標清理多年，市長還在開幕前跳下去游泳掛保證，大眾一直對其清淨程度存疑，比賽當天果然因水質未達標而延期，所幸最終還是完成了賽事。塞納河到底能不能游泳？人民對這項公共建設買不買單？還需留待時間印證，然而巴黎奧運在塞納河畔引起的話題，絕對能為浪漫之都錦上添花。

基礎建設是為了服務生活，不放過任何可以改善的細節，將使承辦奧運留下美好的痕跡。

4.南台灣演唱會經濟與北台灣居住正義——二〇〇九高雄世運會＆二〇一七台北世大運

台灣國土小且非體育大國，但曾經舉辦過兩次世界級運動會，得到許多寶貴經驗，也為北高兩地存了一些賽事遺產。

二〇〇九年，高雄為舉辦世界運動會而興建的主場館，由知名建築師伊東豊雄設計，並且引進綠建築與光電科技，是一座優質環保的綠場館，卻也曾被認為在賽後將成為蚊子館。事實上，場館一直有開放市民使用，因符合國際田總及足總標準，能作為國家隊選手訓練基地，並舉行大型賽事，也是台灣男女足及台電足球隊的主場，還有更另類的功能是辦演唱會。二〇〇九年世運結束後，台灣知名搖滾樂團五月天，在主場館辦了世界巡演的首場演唱會，而後幾乎年年在此開唱，也相繼引來台灣及國際知名歌手到來，如天后張惠妹、韓國女子團體Black Pink、美國搖滾天團Maroon 5等。因為場地是許多大牌來台唯一的選擇，每次都吸引全台各地樂迷集至高雄，帶動大量觀光人潮，交通旅宿、餐飲與百貨業無不賺飽飽，像是英國搖滾天團Coldplay，因重視環保而選定在這個綠場館連辦兩場，就造成全市飯店飆漲的瘋狂現象。世運場館如今已成國際級演唱會的首選地，形成高雄獨有的演唱會經濟，為城市創造驚人的產值。

相較高雄，台北市腹地小且寸土寸金，中辦二〇一七年世界大學運動會時，就不大興土木蓋場館，而是利用北台灣現有場地整建優化，最後只新建了臺北市網球中心、臺北和平籃球館兩座場館，日後也為舉行網球及職籃賽事充分利用，未遺留太大的財政負擔。值得一提的是，位於林口的選手村也是綠建築，且在賽事結束後變身社會住宅，讓在北台灣居大不易的青年和弱勢族群，多了一處安身立命的機會。三千四百零八戶的林口社宅只租不賣，由弱勢戶、一般戶、睦鄰戶，及原住民、警消等特殊族群組成的多元入住形態，另外還有一定比例供給社福組織進駐。照顧到弱勢，也帶動社區周邊生活機能成長，為實現北台灣居住正義的優良示範。

棒球運動外，台灣許久未辦大型國際賽事，二〇二五年登場的雙北世界壯年運動會，同樣不興建場館，也未蓋選手村，僅提供具經濟能力的壯年選手旅宿優惠，除了預估的觀光財，不知道還會為台灣留下什麼遺產？

5. 讓理想願景轉為成功經驗——二〇二六加美墨世界杯 & 二〇二八洛杉磯奧運

或許是因二〇〇二年由日韓兩國共同承辦世界杯，成功開拓了亞洲市場，因此國際足總宣布二〇二六年由加拿大、美國及墨西哥共同舉辦，好強化北美市場。北美聯三國合辦能分散龐大債務風險，亦可展現國際合作力，賽事舉行的城市包含加拿大兩個、美國十一個、墨西哥三個，全都是既有場地無需重建，且賽制將從三十二強改成四十八強，賽事從六十四場增至八十場，估計將為全北美帶來可觀的觀光利益、贊助商投資及轉播權利金收入，結果應該會是利大於弊。若是成功，也將為其他欲發展國內經濟、基礎建設、足球運動等好處的國家帶來希望，比方說，台灣未來也許能和東亞國家合辦世界杯呢。

洛杉磯將成為二〇二六世界杯決賽城市，並在兩年後舉行奧運，已第三次主辦經驗無庸置疑，但是洛城有嚴重塞車問題，如何讓上百萬旅客順暢參與賽事將是最大的挑戰。不過危機即契機，市府自賽事得到經費奧援，又因城市擁有多支職業球隊，全民運動風氣成熟，體育場館設施健全，無需再蓋新場館，可將預算大力花在升級大眾交通運輸上。洛城宣告推動公共交通優先的「無車奧運」，計劃從機場開始建制旅客列車連接到市區，延伸多條新地鐵線，並結合更多公車專用道、輕軌電車、共享自行車、步行友善街道形成通往各場館的網絡。連從拉斯維加斯到南加州的高鐵，也要拚在二〇二八年前通車，這些規劃若是全都落實，不僅可望改善塞車問題，還能大幅減少碳排，都是對永續有益的基礎建設。

每一次對賽事的預估成效若都能實現，將會轉為成功經驗供後人師法，為國家留下好的遺產。

永續工業與基礎建設目標

↗目標9・1發展優質、可靠、可持續與有韌性的基礎設施，包含區域及跨境的基礎設施，以支持經濟發展與人類福祉，並著重在為所有人提供可負擔且公平的機會。

↗目標9・2促進包容與可持續的工業，在二〇三〇年前，依據國情大幅提高永續工業在就業率與國內生產毛額的占比，特別是最低度開發國家應提高一倍。

↗目標9・3增加各國，特別是開發中國家的小型工商業取得金融服務（包含可負擔的貸款）的機會，並助其融入價值鏈與市場中。

↗目標9・4在二〇三〇年前，各國依能力採取行動，升級基礎設施與改造工業，使其永續發展，提高能源使用效率，更多採用潔淨環保技術與工業製程。

↗目標9・5加強科學研究，提升各國，特別是開發中國家的工業部門科技能力，包含在二〇三〇年前，增加研發人員數量，以及提高公民營研發支出。

↗目標9・a透過加強對非洲國家、最低度開發國家、內陸開發中國家與小島型開發中國家的財務、科技與技術支援，加速開發中國家發展可持續且具有災後復原力的基礎設施。

↗目標9・b支援開發中國家的國內科技研發與創新，包含確保有利於工業多元性與商品附加價值提升的政策環境。

↗目標9.c大幅提高資訊與通訊技術的取得性，在二〇二〇年前，在最低度開發國家提供普及且可負擔的網際網路。

14

SDG⑪ 永續城鄉
讓運動創生地方

全猿主場歡樂烤察團

二〇二〇年台灣防疫有成，職棒賽事搶先全球開打，不過多採閉門進行或是有人數限制，我幾乎都在家看轉播。經常看到啦啦隊員與賈仁（假人模特兒），在樂天桃猿主場宣傳邊看球邊烤肉的新企畫，畫面還紅到國外去，我覺得實在太狂，一直心生嚮往。隔年疫情趨穩，母親節立刻約了兩位球迷媽媽，三個家庭一同歡慶。當天是我這輩子第一次不認真看球，眼睛大部分時間都盯著烤肉。本來只覺得好玩，沒想到食材豐富美味，一邊看球唱跳應援曲，一邊大啖肉品海鮮，大人小孩都歡喜，即使最後輸球，心情與肚腹仍皆滿足而歸。

朋友紛紛對我賽後的分享貼文留言讚嘆，其中不乏曾經瘋過棒球的球友，都很驚訝台灣職棒現在這麼有趣。我們都是因簽賭案出走的老球迷，不再關心台灣職棒的那些年，我愛上出國看球賽。在國外，運動賽事是當地人的日常休閒活動，三五同學、同事相揪、男女朋友約會，或全家大小出動，球場有各種族群，支持著自己城市的球隊。台灣少有這種氛圍，直到Lamigo桃猿隊出現。

桃猿隊在桃園深耕多年，改變了台灣職棒的樣貌。球隊在二〇一四年打造「全猿主場」（全年主場賽事都在桃園球場，內野全是主隊球迷應援區），搭建舞台讓啦啦隊女孩帶動球迷用歌舞為球員加油。我第一次踏進球場，看到年幼小朋友、硬朗的阿公、抱著孩子的媽媽，全都整齊劃一跳舞喊口號，感到非常震撼，和以前敲鑼打鼓喊聲，放眼望去滿滿雄性的景況截然不同。球場環境也變很多，影音設備升級、座位舒適、廁所乾淨，還有美食商店區、親子友善設施。二〇一九年底接手經營的樂天企業，也繼續提升球場軟硬體。與國外球場比起來還有進步空間，但相較過去真的改善超級多。

不過，也有許多「本質迷」認為這些行銷花招是畫錯重點，預算應該用來提升戰力才對。棒球的本質是比賽，戰績固然重要，但是棒球也是高失敗率的運動，三成打擊率是強棒，表示有高達七成出局率，球隊再強也不可能天天贏球，所以降低戰績對進場意願的影響同等重要。再者，台灣愛看棒球的人屬小眾，會進場看球的更少，如果只在這個市場裡競爭，台灣職棒永遠無法成長。若是當成娛樂事業，才有可能把去看電影的、去逛街的、去遊樂園的人搶過來。還有在地居民是平日票房的穩定來源，基於對城市球場氛圍熱愛而來，比對熱愛贏球要長遠。所以我挺認同努力培養各種「迷」的經營觀，也不會嘲笑「一日球迷」，球迷不都是從一日球迷開始的嗎？我的第二次看球烤肉趴就得到驗證。

台灣人多患有中秋烤肉強迫症，所以我挑了入秋時分帶著想去體驗球場烤肉的朋友們，去考證我對全猿主場行銷的淺見。家有國中棒球員的「本質迷」家庭，曾經瘋過台灣職棒的「老球迷」，還有三對嚐鮮的「非球迷」夫妻，以及從未當過「平民球迷」的知名球評同行，全員十六大三小占滿四張桌。國中生球員能近距離看到偶像超興奮，三個小女孩跟著啦啦隊唱跳超開心，老球迷們對棒球重燃愛火，熱切解答非球迷朋友們的疑問。數局後，大夥酒足飯飽，愛看球的開始專心看球，不懂球的也跟著鬼吼鬼叫，一半看門道一半湊熱鬧，打擊出色的暴力猿也很爭氣，得分連連讓所有人都熱血沸騰。

賽事到後半段，國中生帶著長輩們去見識髮香區（專看啦啦隊觀眾所占據的熱區），媽媽帶著女孩們去逛美食街買冰，球評被球迷卡住合影。大夥兒各忙各的最後在九局回到烤肉區一同迎接勝利，開心拍下大合照。一場烤肉趴，讓真球迷更死忠，老球迷感動回歸，非球迷變潛在球迷，每個人還自發性在社群分享體驗，發揮傳播影響力。桃猿隊的成功也帶動了其他球隊努力經營主場，用各種行銷手段吸引球迷，在地化鞏固了平日票房，讓台灣職棒發展越來越好，真是一家烤肉萬家香。

永續城鄉目標：促使城市與社區具包容性、安全性、復原力與永續性。

職業運動是帶動體育發展的火車頭，而屬地經營是職業運動能永續的關鍵，當地球迷是票房基本盤，深耕地方是經營的不二法門。球團投入資源付出稅收、維護場館，主場行銷將賽事變成休閒娛樂場所，能帶動周邊建設、商業活動與觀光效益。球隊在當地累積的集體記憶將形成文化，增強城市形象與居民光榮感，球迷越發認同與熱愛，讓球隊影響力幾乎如同宗教信仰，所以球隊參與地方上的慈善公益、政令宣導或基層運動推廣，通常能提高社會議題的能見度進而得到改善。一支球隊的駐足，能為當地社會、經濟、環境帶來各方面助益。

因此全球的職業運動多採取屬地經營策略，與主場所在地共生共榮。過去台灣則多是以贊助企業為核心，直到近十年，職棒的桃猿隊深耕桃園，才帶動了其他球隊的屬地經營力道。二〇二四年加入的台鋼雄鷹隊，也將主場高雄融入命名，甚至洋將中文名也取自高雄地名，無論行銷、賽事安排都非常認真尋求在地球迷支持，首年即在主場開出優異的票房成績，更讓聯盟六支球隊經營版圖，終能平均分布於六都。

台灣的職業籃球近年同樣重視在地，二〇二〇年P League+成立，追本溯源應該是先有ABL東南亞籃球聯賽，台灣一支以彰化為主場的「寶島夢想家」為成員隊，聯賽因疫情暫停後，間接促成夢想家在台灣闖戰場的想法。聯盟一開始就採屬地制，球隊命名以地方特色為主軸，城市也高於贊助冠名企業，臺北富邦勇士、桃園璞園領航猿、新竹街口攻城獅、福爾摩沙台新夢想家（以中台灣為據點）與隔年加入的新北國王、高雄17直播鋼鐵人。攻城獅與在地緊密結合，看籃球已成為新竹球迷的家庭活動之一，新竹體育館幾乎場場爆滿；領航猿也和職棒樂天桃猿隊合作，相互拉抬；最早扎根中台灣的夢想家繼續耕耘；國王與鋼鐵人在北南各擁一片天；勇士更是三連霸冠軍，在首都面子裡子雙贏。

P League+的成功，引來T1 League在二〇二一年投入分食市場，首年六支球隊是以六都為主場，而後球隊冠名贊助時有易主，主場仍維持六都不變。三個賽季後，兩聯盟合併聲浪不斷，但整合歷程一陣混亂，最終在二〇二四年賽季，又變成P League+減為臺北富邦勇士、桃園璞園領航猿、臺南台鋼獵鷹、高雄鋼鐵人四隊，而其他七支球隊包含臺北台新戰神、新北國王、新北中信特攻、桃園台啤永豐雲豹、新竹御嵿攻城獅、福爾摩沙夢想家和高雄全家海神，共組TPBL台灣職業籃球大聯盟的新局面。未來發展可能還會有變數，但至少從命名來看，各球隊始終是以屬地經營為主。

台灣不大，但國人頗具為所居城市競爭的心態，比方每到端午就會戰南北粽、討論何地是〇〇（美食、文化現象等）沙漠、「我〇〇（城市名），我驕傲」時常掛嘴邊。若是以職業運動帶起城市間的對抗，氛圍越足，越能激起各自政府的投入程度，勢必有助當地發展「永續城鄉」。

全村養一支球隊——世界足球俱樂部

足球應該是全球最多人從事及觀看的團體球類運動，國際足總目前有兩百多個會員，全世界僅數十個國家沒有職業足球聯賽。歐洲與南美洲被公認為足球水準最高的兩大洲，歐洲有英超、德甲、法甲、義甲及西甲，並稱五大聯賽，南美也有阿根廷、巴西與哥倫比亞等足球大國。北美不如南美發展較慢，但近年美國職業足球聯盟也急起直追，尤其是女子票房成長驚人。足球更是非洲多國的第一運動，大洋洲的紐、澳也頗為盛行。亞洲的日韓已是世界杯常客，俄羅斯和前蘇聯體系的小國都很熱衷，香港因過去受英國統治超瘋足球，中亞有沙國、伊朗等足球強權，東南亞也有多國視足球為國球，台灣算是少數的足球沙漠。

足球不受天候影響，場地限制小，也無過多裝備需求，只要有一顆球就可以練習，幾個同好找個空地加簡易球門就能比賽，所以普及率如此之高，可說是多數人的生活日常。日常就會像是吃飯、社交一樣不可或缺，因而會以俱樂部形式存在於大小鄉鎮中。世界首個足球俱樂部成立於一八五七年英格蘭的南約克郡，世界第一個足球協會於一八六三年在倫敦創立，英格蘭因而被稱為「足球祖國」。

8 就業與經濟成長 | 3 健康與福祉 | 2 終結飢餓 | 1 消除貧窮

英國自十七世紀中開始有了俱樂部文化，從文人士紳聚集在咖啡廳談論文學藝術，演變成私密會員制的沙龍或晚宴聚會，上流社會的運動，如高爾夫、賽馬，從而以這樣的形式存在。勞工階層流行的足球運動，因都市管理需求，也從街頭走入能規範特定區域的俱樂部。由教會、工廠或社區成員組球隊的活動，成了人們休閒、社交的生活重心，而後發展成相互競爭的聯賽，讓足球俱樂部持續擴充，隨著大英帝國的殖民版圖，推動至全世界流行。如今足球祖國的英格蘭足球聯賽系統，已約有近五千三百個俱樂部、超過七千支球隊，另四大聯賽系統也都是由數千個俱樂部組成。由於隊伍眾多，因此發展出一套分級競賽升降制度，例如英格蘭共有九個級別，從英超、英冠、英甲、英乙到最低層的分區聯賽，每個級別都有限定參賽額度，依賽季結束後名次決定參賽權，最高幾名上升一個級別，最低幾名降至下個級別比賽。

足球聯賽是從地方擴至全國，不是由各大城市組成固定隊伍數的運動聯盟，加上足球運動場地、裝備的經營成本較低，搭配級別升降制度，每個俱樂部無論大小都能夠生存，還可以一直成長。以英國的大曼徹斯特為例，人口約二百八十萬，卻有九支職業足球隊，密集到當地GDP有高達三%來自職業足球的收益。若是用台灣來想像，一座城市可能有數支球隊，城市一

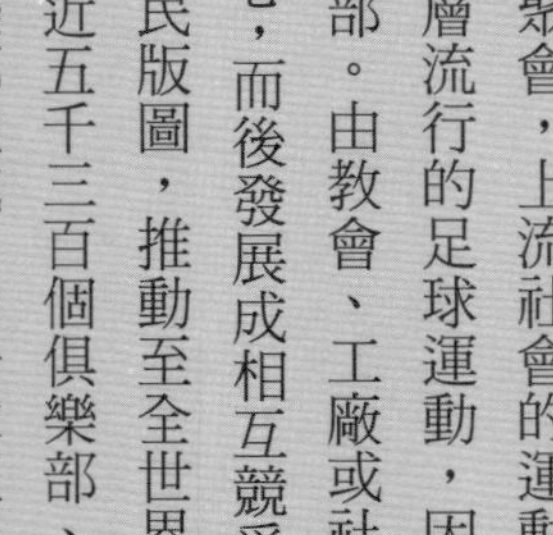

隊，每個行政區各一隊，某些行政區的某些里又有幾隊。城市隊伍主要投資者也許是大財團，行政區則由當地的中小企業老闆合夥組隊，鄉里隊就是餐廳老闆、診所醫生或是愛好足球的里民共同集資。足球賽事難料，升降競爭激烈，經常有豪門球隊跌出頂級，或是小鎮球隊一路打怪爬升的情形發生，是「人人有機會，個個沒把握」的刺激好看。級別不同也讓球迷能支持多個隊伍沒有衝突，里民當然支持鄉里隊，看別的級別時又可以為行政區、城市隊加油，生活全泡在足球裡。

足球球評石明謹分享，他曾造訪斯洛維尼亞的一個小鎮馬里博爾（Maribor），人口不到十萬，俱樂部的球隊卻曾踢進歐冠杯三十二強。販售球隊商品的地方是一個理髮廳，店內空間前半部放了三張理髮椅，後半部賣球衣、嬰兒用品、烤麵包機等球隊商品，應有盡有。大家來這理髮、買東西、討論賽事，就像個里民活動中心。在歐洲，到處可見這樣的俱樂部，由社區供養球隊，由球隊供應居民的足球生活。在南美洲，俱樂部甚至是每個貧窮村莊脫貧的希望，孩子們都熱衷足球，期望成為能翻轉出身的職業球員。在非洲，俱樂部的存在，可以成為改善社會問題的橋樑或發動者。世界各地的足球愛好者都樂意自家擁有俱樂部，全村養一支球隊。球隊是全村的希望，自然能團結人心，對當地不同層面的發展都能產生正面的影響，再舉幾個有趣的例子。

人口僅二十餘萬的英格蘭小鎮盧頓（Luton），一九七四年即加入甲級聯賽，歷經財務困境一路跌到業餘聯賽，卻因著本土企業以及當地死忠球迷的認股支持，球隊得以重建，並以不到十年時間崛起爬升至英超，成為史上第一個從非職業聯賽進入英超的球隊，堪稱足球界最偉大的童話故事。小鎮主場原本是座被民宅圍繞、小到球迷需經過別人住家後院才能進場的體育場，完全沒有空間擴建，與英超豪門球隊的球場規模難以相比，被球迷戲稱為地獄主場。俱樂部自一九八〇年代就想興建新球場但苦無經費，奮戰進入英超後，能獲得一億多美元的收入，且球場許多地方不符聯賽法規要求，一定要進行改造，讓俱樂部得以有理由與資金向市議會申請興建球場。二〇二四年提交的新球場藍圖，還包含了周邊的音樂廳與飯店開發案，帶來能續命英超同步幫助社區發展的機會。這個奇蹟小鎮，證明了沒有大企業投資、由地方撐起的俱樂部，一樣能在殘酷商業市場中生存。

西班牙的巴斯克自治區，是個一直想脫離西班牙統治、獨立建國的地方，巴斯克第一大城畢爾包的競技隊，為西甲創始會員，是聯賽中唯一堅持全員皆巴斯克人，不請西班牙其他省分、連外籍球員都不用的球隊，可見巴斯克民族追求獨立的決心有多強烈。對當地球迷而言，每場比賽都像是國家代表隊在與「他國」對抗，當然會傾「全國」之力為球隊加油。血統純正的球員們也非常爭氣，競技隊曾獲八次西甲冠軍，成績僅次於靠重金請外援的皇家馬德里、巴塞隆納和馬德里競技隊。雖然建國大業尚未成功，球隊永遠能凝聚巴斯克人民的情感。

日本職業足球最能體現企業為主或地方為主的差異，一九九三年J League成立之初與職業棒球類似，由大企業冠名贊助經營，主場設在大都市，一開始有新鮮感票房開紅盤，但兩、三年後觀眾人數急劇下滑，沒有棒球的深厚基礎，地方球迷很難常常專程到大城市看比賽。因此聯盟在一九九六年提出「百年構想」，目標要讓足球成為各地方的核心運動文化，強制球隊以地名而非贊助企業命名，鼓勵球隊走俱樂部模式，匯集當地政府、本地企業與社區民眾的力量經營，許多球隊贊助商都是上看數百個。二〇〇二年日本與韓國共同舉辦世界杯，掀起全民瘋足球風潮；二〇一四年前首相安倍晉三提出「地方創生」政策，俱樂部恰恰能提供當地就業、基礎建設、社區營造等活絡城鄉的機會；還有日本固有風行的足球漫畫也越來越多，這些因素都推進足球快速成長，從開始的十支球隊到現在多達六十隊，全日本共四十七個都道府縣，幾乎每個行政區都有一支球隊，未來還希望擴充到四級八十隊。如同歐洲俱樂部般，球隊無論等級都能成為地方的標誌，居民生活圍繞著球隊運轉，比方主場所在地的火車站只有在比賽時才停靠，市集聚在球場外辦，商店街無論何種形態的店家都會販售球隊商品，小朋友至少都認識一兩個球員，因為球員經常到學校教孩子踢球。足球漸漸成了人們的日常，受歡迎程度反過來超越棒球，嚴重威脅深具歷史文化的日本職棒，也因此帶動了日職的改革，以及職業籃球的學習，使日本職業運動全面從地方厚實基層體育及推動運動產業發展。

球隊活一座城市——日本職棒地域活性化

在日本，原本地位僅次國技相撲的棒球，由於足球興起造成球迷大量流失，才開始看重地方關係。日本職棒的兩個聯盟，太平洋聯盟票房長期不如中央聯盟，因此衝擊更大的洋聯，在二〇一四年積極重組轉向在地化，西武獅隊與羅德海洋隊都冠上地域名崎玉與千葉，繼續深耕地方；軟體銀行買下大榮鷹隊，更名為福岡軟體銀行鷹隊，承接原本人氣最高的九洲地區，投入更多資源壯大勢力；歐力士隊與大阪近鐵猛牛隊，合併為歐力士猛牛隊，將主場遷至大阪巨蛋；日本火腿鬥士隊做了最大的調整，將主場從東京搬到地理位置相對難經營的北海道，開拓全新的市場；樂天企業也前往從未有過職業棒球隊的東北地區，創立東北樂天金鷲隊。六支球隊由北至南平均分布全日本，開啟一段地域活性化的歷程，其中尤以鬥士隊與金鷲隊，最能做為以運動賽事活化偏遠地區的典範。

搬遷至北海道後，鬥士隊喊出「新家、新識別、新夢想」口號，從CI設計到行銷策略都融入北海道元素，展現長久駐點的誠意。北海道地域廣大、氣候嚴寒，從推出不同時段門票、規劃特別座位（適合老弱婦孺的輕鬆看球席、附有座墊與毯子的女性限定灰姑娘席、鋪有塌塌米茶几的包廂等）

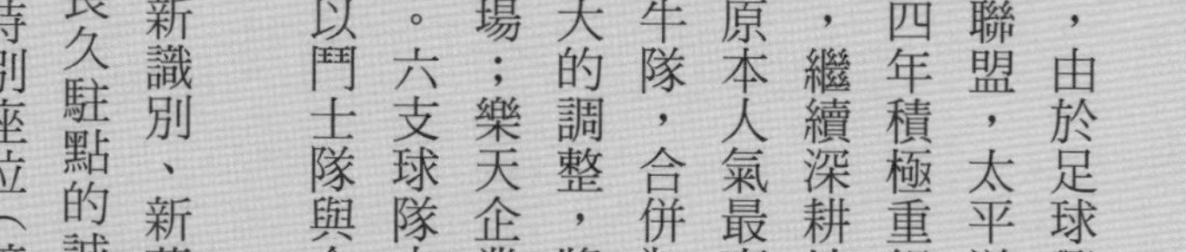

等方法，來提高當地球迷進場意願。並在暑期舉行「我愛北海道」活動，讓球隊巡迴至偏遠地區比賽。北海道經濟命脈為觀光與農業，球團投入資源與影響力提升效益。邀請本地十大企業認股共同經營，並與當地知名品牌及地方政府合作，以行銷活動、套裝行程等方式吸引旅客。球場外定期辦北海道節、分配球員擔任一百七十九個鄉鎮的推廣大使，促銷、宣傳當地農產品。商業貢獻外也投入社會回饋，是日職第一支專為地方設立基金會的球隊，在基層教育、環境等議題上運作北海道限定公益活動。更於二〇二三年在北廣島興建新主場，周邊有商場、餐廳、飯店、溫泉、豪華露營區的複合式園區，這個新地標每年為北廣島帶來數百億日圓的經濟效益。球隊與北海道互惠互利，與居民建立了深厚關係，也讓整個北國更為活化。

洋聯的東北樂天金鷲隊在二〇〇五年進駐偏鄉東北地區，在宮城球場蓋摩天輪、用飛機座艙概念規劃席位等創意打造球場樂園，大大提升觀賽娛樂性，讓居民有了一個新的休閒活動場所。與鬥士隊相仿，球團運用各種行銷和回饋行動，與當地建立情感。最關鍵的連結，是二〇一一年東日本大地震時，球隊化身災民們最大的支柱，陪伴他們走出傷痛。主場位於災情嚴重的仙台市，當地球迷一夕間成為災民，球員在慈善義賽結束後，抱著募款箱為資助東北起頭，展開一系列名為「東北，加油！」的地域振興活動。當年開幕戰作客千葉，球團還在東北地區各處收容中心，拉天線、架電視提供災民觀賽，實質與心理層面都成為災區重建的力量。這支年輕球隊戰績不佳，但是球團支援東北的行動、與球員為災民拚戰的心意，從未停歇。二〇一三年，當時陣中唯一強大的王牌投手田中將大，創下二十四勝零敗的驚人紀錄，並帶領球隊奇蹟似地一路挺進冠軍戰，最後在大雨滂沱的主場，從常勝軍巨人隊手中，為雨淚交織的東北鄉親贏得首座「日本一」。振興計畫到現在仍持續進行，雖然近年屢傳樂天企業營運不佳可能易主，但球隊的意義早已深植東北人心中，成為好好活下去的精神象徵。

央聯多數球隊原本就極具人氣，主場又在蓬勃發展的大城市，多採以企業社會責任角度經營地方，只有小市場的橫濱DeNA海灣之星隊與東京養樂多燕子隊，跟進洋聯做法冠上地名，尋求在地認同。不過央聯有支球隊才是在地化始祖，具有深厚的歷史底蘊，那就是廣島東洋鯉魚隊。

承載廣島原爆復興大任而生，由市府、地方企業與市民共同集資成立的廣島東洋鯉魚隊，至今仍是日職唯一沒有母企業的市民球團。球隊在當時凝聚了人民的向心力，帶領他們走過歷史傷痛，首度贏得冠軍遊行時，許多人是拿著親人遺照表達感謝，可見球隊對廣島人是多重大的存在，所以經歷幾次財務危機，都因「廣島不能沒有鯉魚隊」而生存下來。球隊每年都會在廣島原爆紀念日前後，舉行和平之夜活動，傳承記憶團結人心。然而沒有強大母企業金援，經營策略也需與時俱進，鞏固廣島人外還需擴大市場。於是球團在二〇一四年創造「鯉魚女孩」行銷模式，邀請全日本女球迷成立俱樂部，由球團贊助新幹線車資吸引她們進球場。全市濃厚熱鬧的棒球氛圍，以及隊上不少年輕帥氣的明星球員，讓許多原本不太懂棒球的女性轉為死忠球迷，成為固定從各地前來應援的鐵粉，有人甚至索性移居廣島，在陽剛市場中掀起一片柔性風潮，帶來新的觀光效益。球隊不但讓城市從原爆中復活，更創造了球魂不滅的永生價值。

永續城鄉目標

↗目標11．1在二〇三〇年前，確保所有人都能獲得充足、安全、可負擔的住宅與基本服務，並改善貧民窟。

↗目標11．2在二〇三〇年前，為所有人提供安全、可負擔、無障礙及可持續的交通運輸系統，改善道路安全，特別是擴大公共運輸，關注弱勢族群、女性、兒童、身心障礙者與老年人的需求。

↗目標11．3在二〇三〇年前，加強所有國家發展可持續的都市化與容積，提高社區的包容性、參與性、綜合性與可持續發展的規劃管理能力。

↗目標11．4加強保護與維護世界文化及自然遺產。

↗目標11．5在二〇三〇年前，大幅減少因災害（包含與水有關的災害）造成的死亡與受影響的人數，以及經濟損失相對於全球國內生產總額的比重，並將重點放在保護弱勢族群與窮人。

↗目標11．6在二〇三〇年前，減少都市對環境的有害影響，包含空氣品質、城市廢棄物及其他廢棄物管理。

↗目標11．7在二〇三〇年前，為所有人提供安全、包容、無障礙的綠色公共空間，特別是女性、兒童、老年人與身心障礙者。

↗目標11．a強化國家與區域的發展規劃，支持城市、郊區與鄉村之間的社會、經濟與環境的正面連結。

↗目標11．b在二〇二〇年前，大幅增加實施綜合政策及規劃的城市與社區之數量，以實現包容性、資源效率、減緩與適應氣候變遷、災後復原力，並根據《二〇一五—二〇三〇仙台減災綱領》制定實施各層級的災害風險管理。

↗目標11．c支持最低度開發國家，包含財政與技術援助，以妥善利用當地建材，建造具有災後復原力且可持續的建築。

15

SDG ⑫ 責任消費與生產

環保運動裝，誰比你時尚

再生再利

我是個物慾低的人，有五成衣服來自購物狂姊姊的恩典牌，她的大女兒長到比我高了之後，我又接穿外甥女的舊衣，另外三成則為各方贈禮，大概僅一成為自行添購。運動相關服飾最能讓我掏出錢包，我不愛運動所以不是運動裝，而是職業球隊或球星的球服、賽事紀念T恤這一類。我的一生偶像、已故NBA球星Kobe Bryant，職業生涯全效力於同隊，因此他的背號T、肖像T、冠軍T、特殊紀錄T……等等，我可以依心情或搭配需求拿出來穿。但是除了Kobe，多數選手都會轉隊，近期我就遇上幾位喜愛球員換東家，過去購買的球衣已不適宜再穿，我當然會添購新衣以表支持，可是舊衣既不能穿又捨不得捐，就只能當紀念品陳封衣櫃中。

對我個人有收藏意義就還不算太浪費。可是自從出現快時尚，便形成過度生產損耗資源，連物慾低的我都買過不少，運動服飾用品汰換需求高，製造的問題也不遑多讓。所幸永續觀念越來越受到重視，全球知名的運動服飾品牌，如Nike、Adidas、Puma都大量使用環保材質製造商品。此外，增加二手運動服飾再利用率，也是一種永續生產，像是MUJI與Asics都建立一套機制，有效利用每年大量丟棄的學生運動服，MUJI是在商店設立回收桶，集中處理捐贈給發展中國家；Asics則是將運動服再製成環保購物袋銷售，收益用於支持兒童健康發展活動。我女兒學校制服就是運動服，長大無法再穿也不好送人，不確定丟舊衣回收是否妥當，總覺得很浪費，日前很開心看到台灣一間創意行銷公司「一森懸命」，也有回收學生制服的提案，計劃透過回收系統再製成新產品，大概兩件舊衣就可再製成一件新衣，期待看到他們成功。

無法回收再製，「捐得其所」也很環保，台灣馬拉松好手張嘉哲，發現許多跑者經濟狀況不好，只能穿磨壞的破鞋跑步因而受傷，傷後得花錢復健就更沒錢買鞋，導致惡性循環。而經濟能力較好的跑者，若對跑鞋機能要求高，不再使用的跑鞋可能還七、八成新。因此他發起「LoveShoes.TW公益計畫」，向跑者募徵不需要的跑鞋，整理修復後再轉贈出去，許多基層跑者因而受益。後來因疫情及人力等因素停辦，但張嘉哲仍時常倡議「人人都是LoveShoes的執行長」概念，請捐贈者關注自己生活圈附近的跑者或團隊，直接贈予以減少跑鞋運送成本，使計畫繼續擴散。

若是物慾不低，又想在生活中實踐環保，那麼就多多選擇購買低碳、負碳商品，或是關注、參與類似上述的回收機制，再接再厲讓所有物品得以再生再利，每一次消費都不浪費。

責任消費與生產目標：確保可持續的消費與生產模式。

自第一次工業革命以來，人類的生產力不斷提升，加速經濟發展的進程，卻因製造過程的污染及產能過剩的浪費，也加速了地球的耗竭。如今進入工業4.0時代，數位科技當道，環境意識抬頭，讓經濟成長與自然資源共生，成了生產與消費雙方面日益重視的課題。

運動產業裡無形或有形的商品，同樣身列其中。在生產端的運動產品，如運動服飾、體育用品、運動賽事周邊商品、運動賽事紀念贈品，可以從開發、使用環保材質製造，或是在配送到使用效率上減少碳排，還有創造商品回收再利用價值等方向努力。永續已經是種流行，現在各大運動品牌，幾乎都會使用廢料回收再製，或是對環境友善的原料，也努力減少包材與運送碳足跡，還有許多組織做二手體育用品捐贈或再利用，創造循環經濟。台灣的傳產製造、代工業，現在也都很有能力開發環保運動產品，並在國際扮演重要的角色。

要達成「責任消費與生產」目標，另一重要環節是消費端的社會大眾，無論是參與或是觀賞運動，都能做有意識的消費，購買支持環保商品，才是走在永續時尚尖端的運動迷。

台灣製造，世界之光——遠東新世紀／母子鱷魚／二次運球

1.遠東新世紀

台灣足球發展緩慢，每四年一次引起全球狂熱的世界杯，我們始終無緣看到國家代表隊在這個國際舞台踢上一腳。所幸台灣製造業強大的能力，讓我們有機會不缺席。

台灣紡織大廠遠東新世紀公司，在二〇一八年俄羅斯世界杯，為國際運動品牌Adidas代工，利用回收寶特瓶製成紡紗，生產低碳環保足球衣，三十二個國家中獲半數球隊採用。Adidas每年於全球供應商大會中，會評選七大類別最佳供應商，遠東新世紀公司在合作隔年，立刻獲得評估供應商在永續各指標表現的Sustainability類別，以及公司願景、生產團隊能力等表現的People類別兩座大獎，外加一座北亞區供應商獎，是全球唯一同年獲得此三獎項的供應商。

由於品質深得好評，二〇二二年卡達世界杯，續與Adidas及海洋環保組織Parley for the Oceans合作，研發海洋廢棄物製作紗線的抗爆球衣，再次獲得九支國家隊青睞，墨西哥的客場戰袍，還被外媒評為本屆世足賽最美球衣。二〇二四年英國足總杯冠軍曼聯隊、歐洲杯冠軍西班牙隊、歐冠杯冠軍

皇家馬德里隊的球衣，以及東京奧運日本足球隊衣等等，也都出自遠東新世紀之手。足球衣外還生產各類運動球衣遍布全球，包含NBA老鷹隊、馬刺隊的籃球衣；澳洲網球公開賽球員的連衣裙及短袖上衣；巴黎奧運加拿大、克羅埃西亞、法國等九個國家隊的籃球訓練衣。材質環保也具時尚感，FENC® ThermalSyncZoneTech與TOPGREEN® Bio3兩件產品，還榮獲二〇二三年「德國iF設計大獎」，是唯一獲獎的環保功能針織品供應商。在台灣尚未踢進世界杯前，相信遠東新世紀能讓MIT繼續在世界舞台發光。

2.母子鱷魚

還有一個品牌，同樣在運動場上為台灣爭光，那就是二〇二一年在紐約的「超越自我三一〇〇英里挑戰賽」超級馬拉松賽事中，一炮而紅的「母子鱷魚」。

台灣馬拉松好手「超馬老爹」羅維銘，費時近四十九天勇奪銀牌，成為這個地表最長公路認證賽事二十五年來，首位完賽的亞洲選手。隔年他再度參賽，開賽第一天就創下賽事單日最高的一百三十六公里紀錄，最後在不到四十七天內完賽拿下銅牌，打破連續二屆完賽的亞洲紀錄，以及最高齡完賽的世界紀錄。更厲害的是，羅維銘不是穿跑鞋，而是穿一雙夾腳拖跑向終點。二〇二一年當時在賽事後半段，許多腳痛起水泡的他國選手，也都跟進羅維銘改穿拖鞋跑步，這雙鞋因此轟動世界跑圈。它是MIT品牌母子鱷魚的「蚵技神速y拖」，神奇的助攻力，來自神奇的科技，還是環保材質打造的永續力。

其實在台灣跑圈，早就有一群愛穿夾腳拖跑步，還因此組成社團的「夾腳幫」。母子鱷魚開發的氣墊y拖，材質輕又富彈性，而且貼合足弓，不會讓跑者在長時間跑步後發生破皮、黑指甲的問題，因而成為跑圈的熱銷商品，是許多馬拉松跑者的指定鞋款，也吸引了台灣塑料龍頭台塑的注意，積極與品牌背後的德成鞋業合作開發環保商品。

台灣每年產生約十六萬噸難以分解的廢棄牡蠣殼，大量污染環境。台塑透過特殊技術將其經高溫煅燒後，研磨成抗菌殼粉粒，再與聚乙烯醋酸乙烯酯結合成環保塑料，提供給德成鞋業製鞋。為了在融入環保材質後，仍保有鞋款原本的優異特性，團隊花了兩年時間改良，才終於成功開發出這雙隨著羅維銘跑向世界的台灣之光。

3.二次運球

永續當道，有越來越多像遠東新世紀、母子鱷魚一樣，將廢棄物重製的商品，但多是利用回收物結合其他材料以化工技術再製成原料，看不出原來是什麼廢棄物，而「二次運球」的做法不太一樣。

二次運球，是籃球比賽的違例動作，同時也是一個品牌，以有違常規的創意，來設計永續商品。使用回收廢棄球類做主原料，保留原貌再製成商品，讓它有第二次機會重現。二〇一八年，三位台灣年輕設計師，想一起創業以環保材質製作商品，且能用不同面貌呈現比較嚴肅的永續議題，讓更多人接受。三人都很喜歡籃球，因而決定以此切入，回收學校淘汰的廢棄籃球，再製成鑰匙圈、手機殼、證件套、包包、球栽花器等各式各樣的商品。傳達運動精神不只存在於運動時，而是融入到生活中每個時刻的品牌哲學。

生產過程為一套球類回收系統，收到球後先做基本的清潔處理、拆解球體，最後設計成商品上架，成立六年已回收了約六千顆淘汰用球，籃球為最大宗，也有排球、棒球、足球等球類，因為希望推動台灣在地運動文化，也開始回收各種運動的廢棄物，如跑鞋、自行車胎等等。廢棄球來源除了學校，還收球類工廠或運動用品零售商的瑕疵、展示品，線上販售或店家寄售漸入穩定後，二次運球在二〇二一年於台北松山文創園區，開設了第一間實體店，因此也有民眾將家中不用的球帶來門市回收。

永續雖為初衷，但不將自己定位成環保品牌，希望消費者是因為喜歡運動、喜歡設計而購買，而不是因為環保而必須支持，所以特別重視設計美感，賦予舊球時尚新生命。品牌創立至今，確實大部分的顧客先是因為好看的設計、喜愛運動風、覺得舊球有回憶感而買，才更為認同品牌的環保性，永續概念因此自然打進運動圈。對消費者傳遞永續外，也向合作夥伴推廣永續，二次運球製作許多手作材料包，回饋給捐贈球的學校、廠家，或是直接邀請學生、員工來上手作體驗課程，製作過程並不容易，參與者一開始可能覺得有點麻煩，但最後都會感到很快樂，有的人是用自己打過的球做成商品，會更覺得有意義和成就感。

成立實體店面時正值疫情，二次運球是靠著政府紓困才苦撐下來。不過因為商品的獨特性與永續意義，很容易吸引到類似理念的人，合作的學校、廠商、受邀參加活動的明星球員，還有顧客等等，都很樂意參與或主動分享，也會提出各種「許願」商品，給予團隊創作靈感，口碑自然擴散後，陸續獲得更多商業合作機會。一開始以籃球相關案子為主，如HBL、UBA

賽事紀念品，或是為職籃球隊製作周邊商品或贈品。後來就有各式各樣的合作找上門，像是有路跑組織要利用回收跑鞋、排汗衫做成飲料提袋、獎牌等；替運動品牌、運動媒體與運動用品店開發各種廢棄物再製商品；為企業家庭日、運動會製作活動贈品，或是在現場帶手作體驗教學；二〇二四年最火紅的世界棒球十二強賽，也請他們設計用棒球做的名片盒當贈品。所有合作案都不是二次運球主動接觸而來，共同創辦人林敬家認為，喜愛運動的人大多很正向，也許是因為這份能量，讓品牌創立至今一直受到許多人的主動協助。值得一提的是，二次運球的員工都很喜歡運動產業，又覺得品牌在做有意義的事，所以都熱愛工作、流動率低，在這個服務業缺工的時代，著實難能可貴。

保留廢棄物原貌再製成不同物件，以藝術創作居多。二次運球的實體店面在松菸，因此時常有觀光客前來，林敬家分享，很多外國人表示他們從未看過這種東西，能取材自台灣當地運動文化，做出世界上沒人見過的商品，令他覺得很感動。為響應二〇二五年雙北世界壯年運動會，二次運球將挑選幾項在台熱門的運動做展覽，讓世界從運動設計看見台灣。

責任消費與生產目標

↗目標12．1各國採取行動，並由已開發國家擔任帶領角色，實施《永續消費與生產十年計畫架構》，同時考量開發中國家的發展與能力。

↗目標12．2在二〇三〇年前，實現自然資源的永續管理及高效率應用。

↗目標12．3在二〇三〇年前，將零售與消費者層面的全球糧食浪費減半，並減少生產與供應鏈中的糧食損失，包含收穫後損失。

↗目標12．4在二〇二〇年前，依據國際協議的框架，實現化學品與廢棄物整個生命週期中的無害環境管理，並大幅減少排放到空氣、水與土壤中，以減少其對人類健康與環境的不利影響。

↗目標12．5在二〇三〇年前，透過預防、減量、回收和再利用，大幅減少廢棄物產生。

↗目標12．6鼓勵企業，特別是大型跨國公司，實踐永續做法，並將永續發展資訊納入其報告週期中。

↗目標12．7根據國家政策與優先事項，促進可持續的公共採購流程。

↗目標12．8在二〇三〇年前，確保所有人都能獲得永續發展及與自然和諧共處之生活方式的相關資訊與意識。

↗目標12．a支持開發中國家加強科技能力，邁向更永續的消費與生產模式。

↗目標12．b開發與實施監測永續發展對永續觀光的影響，以創造就業機會並推廣地方文化與產品。

↗目標12．c依據各國國情消除市場扭曲，改善鼓勵浪費的低效率石化燃料補助，包含重組課稅架構、逐步廢除有害補助，同時考量開發中國家的具體需求與狀況，並以可保護貧窮和受影響社區的方式，盡量減少其發展可能產生的不利影響。

16 SDG ⑯ 制度的正義與和平

人人當有運動家精神

當運動員藥不藥這麼難？

讀研究所時有幸與游泳國手黃渼茜成為同學，某次課堂後和幾位同學聚餐，彼此為論文難產取暖，一路聊到九點，渼茜突然起身說要閃人，因為她是世界反禁藥組織WADA（World Anti-Doping Agency）選定抽檢的運動員，需在十點前到家備查，我以為藥檢是比賽前後做的事，後來好奇追問細節才長了知識。

WADA是由國際奧委會成立，用來統一制定各種禁藥項目的檢測標準，分為賽內與賽外，賽內是選手完賽後立刻要做的，這一個小時內由藥檢人員全程監看選手完成尿檢，如果選手需領獎或另有賽事，藥檢人員就必須跟在選手身邊直到完成檢查。還要填寫過去兩週吃過的東西，如維他命、運動飲料、保健食品等，連劑量、品牌都要寫清楚。這些全做完，半年沒接到檢測異常通知才算過關。

賽外則是定期實施，WADA每年會指派各國際單項運動總會，選定運動員做全年藥檢，通常是世界排名前端的選手，也會隨機挑選。被選到的運動員必須提出一整年的日常行蹤，每天要至系統填寫自己今天幾點到幾點、人會在什麼地方，行程可能會變動，所以至少要有一個小時是填保證能被找到的地方。特別是今晚要住哪很重要，因為通常藥檢人員會挑住的地方去抽查。不在家時，要去哪裡比賽、旅行，都要填好地址。不會事先通知，就直接出現在選手所在地進行抽查，如果人不在那就GG了。渼茜當時是填十點到十一點在家，這就是她九點會從椅子上跳起來的原因。平均一季至少一次，有時隔一個月就出現，要時時儆醒。

一次至少會來兩名藥檢員，如果來三個人代表這次要抽血，其中一位要和選手同性別，以便全程監視上廁所。渼茜說，第一次做尿檢時，真的很不習慣有人盯著自己解尿，若沒對準量杯，不小心弄到手很噁也很丟臉，如果女性遇到生理期，取尿過程就更不方便了。光是每天有一個小時行蹤要被掌握，還會被陌生人看光私密處，我就覺得很煩了，渼茜進一步分享的事，更讓我覺得當運動員好難。

首先，不是尿一泡尿那麼簡單，藥檢員會帶機器當場檢測尿液濃度，要達到一定標準才能分析。如果沒過就得再尿，又不能喝水會更沖淡濃度，所以要喝牛奶、果汁、吃水果或泡麵，想辦法補進水分。而且是取中段尿，一次要尿滿一大杯，沒有存足夠濃的量，就要等待尿意再臨。對方什麼時候會來不知道，不可能隨時在膀胱存好存滿完美的尿液，因此藥檢時間都會拖很久。有次渼茜在「等一個人的尿杯」時，藥檢員安慰她說，某位選手曾怎樣都尿不出來，一直等到凌晨六點才完成。

聚餐那天我們是吃麻辣鍋，如果當晚藥檢人員有來，渼茜應該能產出濃醇香的飽滿尿液，只是不知道鍋裡有沒有什麼中藥成分會讓她誤觸地雷。這就是我覺得藥檢的第二大麻煩，運動員時時刻刻都要小心吃下肚的東西。若是生病需吃藥，剛好被抽查怎麼辦？渼茜回我，她每次去看醫生，都會說要避開禁藥成分，但是WADA規範嚴格又年年翻新，一般醫生不可能具備所有用藥資訊。她都得拿著藥單，上WADA網站核對，好幾次都對到了禁藥成分，就只好把那顆藥挑掉不吃。

成為運動員真的好艱難，從小到大要經歷無數訓練、比賽，還要保持健康不受傷，又要面對教練挑戰、同儕競爭與家庭社會期待，多數運動項目生命短，為了未來，也必須在最需專注訓練時兼顧學業，才能確保職涯發展。連小號的學問都這麼多，愛運動，還是當運動迷比較容易。

制度的正義與和平目標：促進和平包容的社會，為所有人提供司法管道，並在各層級建立有效、負責任與包容的制度。

地球資源有限，若國與國間沒有和平共好的觀念，人類終將滅亡。因此聯合國於一九四五年成立，期待能維持國際和平及安全，建立公平正義的法治、促進國際合作，以解決全球經濟、社會、文化，及人類福祉等問題，且期待地球公民彼此能不分種族、性別、語言或宗教等差異，相互尊重人權及基本自由。因著這個宗旨，在面臨日益嚴重的環境、社會與戰爭議題之際，聯合國於二〇一五年通過二〇三〇永續發展議程，提出十七項全球邁向永續發展的核心目標，也就SDGs。台灣雖受中國打壓，自一九七一年退出後至今仍無法重返聯合國，但身為民主自由的國家，又是地球的一分子，同樣應該積極遵行相關倡議。

運動賽事是一種競爭關係，必須建立完善的規範並嚴格遵守，才能達到公平性；運動賽事亦可說是非武力的戰爭，讓人與人、國與國在和平中競技。這些概念都能反映「制度的正義與和平」目標，因此透過運動傳遞其精神，激勵每個國家政府、每個人民，在治理上、在生活中實踐，非常適切且別具意義。

和平與正義的永恆追求——奧林匹克運動會

奧林匹克誓詞

我以全體運動選手的名義。

我以全體裁判的名義。

我以全體教練及官員的名義。

我們承諾尊重且遵守規則，以公平、包容、平等的精神參加本屆奧林匹克運動會。我們團結一心，承諾在體育運動中絕不使用興奮劑，絕不作弊，禁止任何形式的歧視。為了我隊的榮譽，為了尊重奧林匹克基本原則，為了讓世界因體育更美好，我們踐行此誓言。

奧林匹克源自古希臘城邦間競技、展現軍力的運動會，某種程度並非代表和平，但若是戰爭於比賽期間到來，必須在城邦間接力傳遞女神殿引燃的火把，向鄰近城邦宣布休戰，因這種默契減緩了血氣，無形中漸漸轉化為和平的象徵。現代奧林匹克運動會，則是由法國學者古柏丁男爵皮耶・佛雷迪（Pierre de Frédy, Baron de Coubertin）發起，他認為戰爭起自人們的歧見，

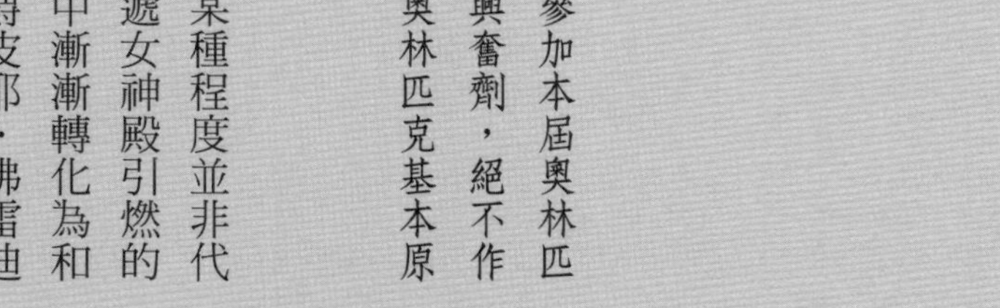

若是一起在運動場上，因追求共同目標而交流，最有機會消除隔閡與偏見，在他的積極催生下，一八九四年「國際奧林匹克委員會」於巴黎創立，兩年後首屆奧運在雅典舉行。二〇二四年奧運第三度回到法國，開幕式在塞納河上流動的表演饗宴中，主辦單位為展現現代奧運發源地的初衷，許多橋段都鋪滿自由、平等與博愛。

經運動賽事促進和平是奧運的核心，然而破壞和平的行為也時有發生，一九一六年柏林奧運、一九四〇年東京奧運及一九四四年倫敦奧運，都因世界大戰爆發而停辦；一九七二年慕尼黑奧運，巴勒斯坦武裝分子殺害十一名以色列代表團成員；一九八七年北韓特工炸毀大韓航空客機，試圖破壞南韓將於隔年舉辦的漢城奧運。因此一九九二年奧運會員國共同簽訂《奧林匹克休戰決議》，奧運會開幕前七天至後七天必須停戰，而後確實有因奧運休戰的案例，但俄羅斯無視規範屢次違規，終在二〇二四年巴黎奧運遭到禁賽，以巴衝突至今也從未因奧運而停火。

公平正義也是奧運最能表彰的價值，全球戰爭不斷，許多人流離失所，二〇一六年里約奧運首度增設難民隊，讓因戰爭或受歧視等因素，而不得不離開自己國家的選手，仍能站上奧運舞台，無法為國爭光卻可以讓自己發光。原喀麥隆女拳擊手辛蒂・恩甘巴（Cindy Ngamba），因公開同志身分而不能待在同性戀仍屬違法的祖國，流亡英國的他在二〇二四年巴黎奧運，成為難民隊第一位奪牌者。類似機會卻沒有臨到台灣，一九八一年《洛桑協議》讓我們的國家隊從此要被稱為「中華台北」，對運動員而言是另種形式的無法代表國家。雖然這其中有複雜的歷史脈絡，如同退出聯合國，中華民國過去的領導者，多次在關鍵時刻選擇自我閹割，也不能完全怪奧委會。可是二〇二四年巴黎奧運，對台灣觀眾毫無道理的嚴格安檢（無清楚界定何為「帶有政治訊息」的橫幅），並任由場邊中國觀眾搶奪台灣人自製海報標語的粗暴行為，實在毫無公平正義可言。不過也因此在奧運賽場上，突顯了台灣的國際處境，反引來外媒關注報導。希望透過一屆屆場內場外的爭取，有一天我們能在奧運正名，得到遲來的正義。

歷經百年的奧運，一直是有前進、有倒退，朝著實踐和平正義的目標邁進，以二〇二四年巴黎奧運的性別平權議題為例，在開幕式上高舉女力，且為史上首次達到男女運動員同額參賽，是奧運的大躍進。但是法國卻禁止自家穆斯林女性選手，在參賽時佩戴任何宗教形式的頭飾，又開了尊重性別與宗教自由的倒車。還有近年來國際賽事跨性別選手參賽權爭議，也因台灣的林郁婷與阿爾及利亞的克莉芙（Imane Khelif），兩位女子拳擊選手遭莫名指控，而再度讓奧運的公正性受到挑戰。人類的團結共好，當然不能只靠國際賽事來完成，但奧運絕對最有帶領作用，奧運運動員誓詞，套在任何人的生活、工作領域都適用，若人人皆有運動家精神，和平正義才可能實現。

誠如二〇二四年巴黎奧委會主席艾斯堂格（Tony Estanguet）在開幕式的致詞：「儘管奧運不能解決所有問題，即使歧視與衝突不會立刻消失，今夜，你們提醒了我們，當我們聚集在一起，人性是多麼美麗。當你們回到選手村，你們將向全世界傳遞一個希望的訊息：有一個地方，讓來自不同民族、文化與宗教的人們，可以共同生活。你們會提醒我們：這是可能的。」

有健全制度，才有永續未來——Fair Game！TAIWAN！體育改革聯會

「政治歸政治，體育歸體育」，如果這句話成立，那台灣在國際運動賽場上，為什麼要叫做中華台北？運動競技是國力展現，國際賽事乃外交盛事，一個國家體育發展好壞，完全看政府的重視程度，體育從來就是政治。

每到大型國際賽事，就會聽到「〇〇能，為什麼台灣不能？」，每當有世界級台灣選手退役，就會有人問「下一個〇〇〇在哪裡？」這是因為我們總是放眼國際，卻顯少關心在地；總是仰望頂尖，卻不多厚實基層。總說棒球是國球，但無論是實際參與棒球運動，或是觀看國內棒球賽事的人口，一直不到國球規模。唯有國際賽事才能吸引到國人目光，因此常有一日球迷的說法，國內產業環境沒有成長，如何期待為國爭光的人才輩出？

然而國際賽事是猛藥，政府重點自然會畫在那裡。二〇二一東京奧運空前成功，「黃金計畫」因而被歌頌，國家重視體育當然很好，十年就看到豐碩果實著實不易，卻也形成計畫性奪牌的迷思。只專注栽培有奪牌希望的選手，就只能在金字塔頂端磨珍珠，若沒有同步放心力在塔的底端，可以養出的好手只會越來越少。先扶植國內的產業環境，擴大參與競技運動的規模，下一個〇〇〇自然就會不斷浮現。好比荷蘭因海平面上升危機，政府推廣游

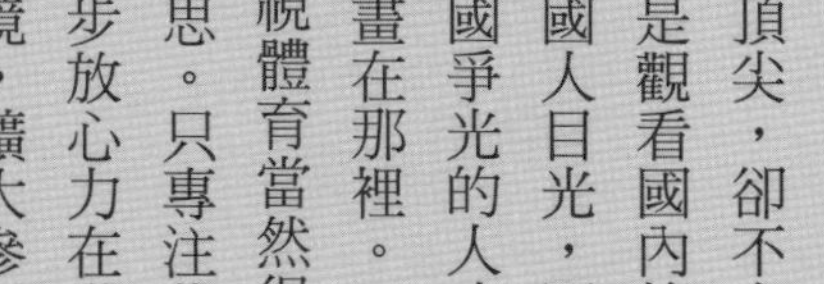

泳成為全民運動，結果意外造就了好幾面水上運動獎牌。想像一下如果全台小朋友都踢足球，玩的人多，想繼續的人就多，就會有職業聯盟，看的人變多，產業發達了，台灣就有機會踢進世界杯，不用只能每四年話燒一次，日韓能，台灣當然也能。

單項體育協會是發展基層運動的根本，參與國際賽事，協會又是唯一窗口。所以台灣體育要好，協會制度的健全是重中之重。偏偏某些協會被非專業人士把持，封閉的會員審查投票機制，造成邪門事件層出不窮，A錢欠薪、資源亂用，損害選手權益；遴選標準不公、教練派系之爭，搞小動作做掉選手參賽資格，或讓信任教練無法陪同；贊助商協調不當，害選手被迫穿不合適的鞋影響表現；還有可怕的霸凌、性騷擾等等。據說有的協會人員英文不太行，參與國際會議時也不請翻譯，只能請教懂華文的中國或香港代表，向競爭對手了解賽制規章，妥當嗎？難怪時有選手因未守規則，而喪失比賽優勢或參賽資格的憾事發生。

二〇一六年里約奧運，陸續爆發許多選手因協會影響權益的事件，率先退出國家隊的排球選手黃培閎，與幾位熱愛排球的年輕人呂季鴻、江貞億、張祐銓及簡育柔，希望排球與其他有問題的體育協會都能「改邪歸正」，後又加入游泳選手丁聖祐、周校永與唐聖捷，共同發起「公平的起跳」連署活動，集結民氣支持《國體法》修法。並在臉書開設「Fair Game！TAIWAN！體育改革聯會」專頁，提供平台交流，陸續引來不同協會現、退役選手、家長與教練主動聯繫，提出五花八門的陳情投訴，一件比一件還惡質離譜。

除了將這些故事宣傳讓更多人知道，這幾位初入社會甚或還在學的年輕人，從倡議到全心投入諮詢協助工作，沒有薪水，單靠一股熱血、與熱心長輩的零用金資助，四處牽線找人脈，聯絡官員、民代、媒體等相關資源救濟管道，陪同選手開記者會，與協會溝通抗爭。從這些過程中整理出修法方向，擬定包含取消會員入會限制、協會全面改選、財務全面公開等六大訴求，簡單說，就是要讓協會可以全民參與、主事者能專業正常化，相關運作透明受到監督。經過一年多沒日沒夜的努力，與民意聲浪的發酵，以及關切議題立委的協助，將訴求送進立法院，最後得到不分黨派支持，不到一年就快速修法通過。

體改聯原以為取得大勝，四方奔走後也成功吸引多人付費加入各單項協會會員，並提出不同領域專業的理監事人選，想不到訴求漏列選務工作需由第三方公正組織進行，因此主理改選的單位仍是協會，球員兼裁判下，棒協、羽協、網協、泳協等體育協會，互相利用人頭會員灌票，繼續掌控勢力。即使體改聯搜證陳情體育署，只得到請自行提告的消極回應，法院審理期間，改選已完成，最後法官也只以被告「沒有前科又認罪」、「未對理監事選舉結果造成實際損害」之由給予緩起訴，體育改革風風火火起義，卻如夢一場的回到原點。體改聯成員認為若要再有進展，需有人進到內部從政策面去解決，所以決定投身選舉，從地方議員督促縣市府體育局處開始。但是體育改革不如民生議題切身，難引起共鳴，這群政治小白根本無法贏過地方勢力。面對第二次的挫敗，體改聯成員對大人們徹底失望，各自退回到原本生活，用自己的方式繼續愛運動，有人出國攻讀運動心理，有人投身基層帶球隊、自費蓋排球館，有人當健身教練，還有一位進入政治領域工作，透過不同機會，一點一滴為體育改革盡心力。

雖然體改聯訴求皆被納入國體法，但協會主事者由非專業把持的根本問題沒有解決，所有法規都是上有政策下有對策，也因此修法後至今仍不斷爆發各種邪惡事件。所幸台灣全民運動風氣日盛，職業運動正在成長，東京、巴黎奧運選手的好表現，以及台灣棒球在世界棒球十二強賽拿下冠軍後，也讓國人越來越關注體育，台灣從體委會降格體育署多年後，終於要在二〇二五年成立運動部，期待未來協會亂象能被終結。

體改聯不是組織且暫無運作，它是一種精神，是由幾位熱血年輕人帶起的社會運動，若人人都是體改聯成員，持續關注監督，就能迫使政府創造健全制度。這種精神不只是用在體育，國家的影影劇、音樂、藝術等任何產業發展皆應如此。政治乃眾人之事，若希望熱愛的事物能永續，就別再說「政治歸政治，〇〇歸〇〇」了。

制度的正義與和平目標

↗目標16．1減少各地一切形式的暴力及相關死亡率。

↗目標16．2終結對兒童的虐待、剝削、販運及一切形式的暴力。

↗目標16．3促進國家與國際層面的法治，並確保所有人都有公平的司法管道。

↗目標16．4在二〇三〇年前，大幅減少非法資金與武器的流動，加強被盜資產的追回，打擊一切形式的組織犯罪。

↗目標16．5大幅減少一切形式的貪污賄賂。

↗目標16．6在各層級建立有效、負責且透明的制度。

↗目標16．7確保各層級的決策都能回應民意，且具包容性、參與性與代表性。

↗目標16．8擴大並強化開發中國家參與全球治理機構。

↗目標16．9在二〇三〇年前，為所有人提供合法身分，包含出生登記。

↗目標16．10根據國家立法與國際協定，確保公眾可取得資訊並保護基本自由。

↗目標16．a強化國家制度，包含透過國際合作，建立在各層級，特別是開發中國家的能力，以防止暴力並打擊恐怖主義與犯罪。

↗目標16．b促進實行非歧視的法律與政策，以實現永續發展。

17

SDG ⑰ 永續發展夥伴關係

運動是全世界共通的語言

運動員是最棒的外交官

二〇二三年因參與「紐約大都會台灣日」，有幸在前一天先去球隊主場參觀，結束行程時順道去了隔壁的美國網球公開賽園區，參加美網在賽前舉辦的「兒童日」活動。通過安檢走入會場，映入眼簾的是歷屆美網男女單打冠軍得主旗幟，雖然還沒有台灣選手能獲此殊榮（基本上沒有一位亞洲人達到），尤其是男單桂冠，幾乎被四大天王費德爾（Roger Federer）、納達爾（Rafael Nadal）、喬科維奇（Novak Djokovic）與穆瑞（Andy Murray）占據了二十年載。但是台灣有位選手可是與好幾位冠軍交手過，光是如此都是很了不起的成就，那就是台灣網壇一哥、奧運五朝元老盧彥勳。

二〇二一年退休的盧彥勳，二十年職業生涯一直在世界網壇為台灣爭光，最後一次代表台灣參加東京奧運時，他的哥哥盧威儒曾在個人社群分享一篇文章，講述與各國選手交換奧運徽章（PIN）的經歷，許多人才得知這個有趣傳統。交換徽章已有百年歷史，一八九六年現代奧運首度舉辦時，原本只是設計一個紙板加緞帶，讓人戴在身上辨識身分的工具，後來改成別針形式更方便攜帶。別針可以做更好看的設計，較有收藏價值，因而到了一九二四年巴黎奧運，開始有運動員交換徽章當作紀念品。如今演變成各國選手、媒體記者或代表團成員，以此分享交流、拉近距離展現友好的方法。每個國家會出不同樣式的徽章，或是為各別運動項目做不同版本。各國製作的款式和數量不一，像東奧時盧彥勳手中就有三個版本、十五個徽章。

其實早在盧彥勳首次參加雅典奧運時，就曾帶回許多國家的徽章，只是當時盧威儒覺得用不到又不易收納，沒有深究其義，直到他在東奧親身參與換徽章後，才體認到這種交流的樂趣與意義。盧威儒認為每次交換都是推銷台灣的機會，所以特別跟團本部與台灣選手、記者朋友，要了他們不需要的徽章，共約五、六十個，設定來交換三十個男子單打網球選手國家的奧運徽章。

一般人會把換來的徽章別在識別證上，盧威儒因此脖子掛滿戰利品，也想換徽章的人看到都會主動找他，他就可以藉此與各國朋友交流，越換越多。許多舉世聞名網球選手如穆瑞、喬科維奇，因此得知盧彥勳將在此役後退休，還會多聊幾句並獻上祝福合影留念，盧彥勳也邀請他們若到亞洲比賽，可以使用他在台灣設立的網球訓練基地。也有選手問起台灣徽章為什麼只放梅花五環旗，而不是國旗，他也能為此稍作說明。

盧彥勳在五回奧運場上，一共換得一百零四個國家的徽章，每一次交換，都是在建立友誼，也是讓世界認識台灣的美好行動。奧運就是最早以運動做外交的活動，古希臘各城邦派遣士兵參加運動會，取代戰爭比較各城邦實力，同時藉此交流音樂、藝術等文化，增進關係、促進和平。每個國家代表隊就像是一個外交參訪團。如今，各國城市積極爭取舉辦奧運，除了延續此精神，更是為了宣傳、觀光效益等目的，可見國際賽事真的是讓世界認識自己最好的管道，而運動員就是國家能派出的最棒外交官。

永續發展夥伴關係目標：強化永續發展執行力，重振全球永續發展夥伴關係。

SDGs最後一項目標「永續發展夥伴關係」，是全球永續發展能否成功最關鍵的因素，因為如果沒有國際共同合作遵行策略，就無法達成永續願景。只要一點私利、一場疫情、一樁戰爭，就可能讓所有人的努力倒退數十年。即使台灣其實不屬聯合國，可以無須理會SDGs任何方針，但身為地球公民一分子就完全不能置身事外。

國際間要建立良好的夥伴關係，就應在政治、經濟、文化等層面做多方交流，增進認識彼此的機會拉近距離，運動是世界共通的語言，也可以是很有效的媒介。奧運就是最明顯的例子，每四年一次，來自世界各地的運動員聚集在主辦城市，經由競賽進行交流，從開幕儀式開始，人們就得以認識主辦國及每個參賽國。國際足總世界杯的影響力應該僅次於奧運，除了主辦城市與各地足球強權外，也偶有一戰成名的國家冒出頭，使人們更為了解當地，譬如世界杯裡人口最少的國家冰島，卻經常參戰，且幾乎「全民皆兵」，球員平時在各行各業打拚，又能即時組織好代表國家出戰，甚至能踢下擁有職業球星的強隊，總是能贏得世人尊敬。還有二〇二二年的東道主、來自中東海灣的卡達，以及該屆四強驚奇的非洲國家摩洛哥，都是因賽聞名的例子。

台灣足球尚有發展空間，國球棒球是最好的外交橋樑。二〇二〇年台灣防疫有成，職棒獨步全球率先開打，當時許多國家棒球迷沒賽事可看，因而觀看台灣職棒，曾創造場場吸進百萬人次收看轉播的盛況。二〇二三年世界棒球經典賽，又因為A組賽事在台灣開打，台灣選手的奮戰表現，與特有的應援文化也屢被國際媒體報導。更不用說二〇二四年台灣隊在世界棒球十二強賽一舉奪冠的奇蹟，讓我們在棒球世界揚眉吐氣。美國職棒大聯盟許多球隊都會舉辦台灣主題日，台灣市場如此小，為何能取得棒球最高殿堂眾球隊的青睞？絕對與先後在大聯盟打拚的台灣選手有關。

首位站上大聯盟的台灣選手陳金鋒，以及郭泓志、胡金龍先後效力道奇隊，使得球隊開始推出台灣日；王建民在洋基隊叱咤風雲時，轉播單位時常介紹台灣；陳偉殷在金鶯隊表現優異，總教練也因此為台灣正名；曾登上紅襪隊的林子偉則是將國旗貼在球棒上，每次上場打擊都幫台灣曝光；還有張育成在大聯盟時期，棒子一火燙就能替我們爭取能見度，每當他擊出全壘打，主播總會提起台灣。與台灣友好的日本，也因著自「二郭一莊」到「金孫古林」，前前後後包含呂明賜、陳大豐、郭李建夫、許銘傑、林威助、陳偉殷、陽岱鋼、陳冠宇、宋家豪、吳念庭、王柏融等好手在日本職棒的成績，持續加深日本人對台灣的認識與喜愛。

受到中華人民共和國「一個中國」的影響，台灣在國際外交上屢遇困境，於是李登輝任職總統期間，採行了更務實開放的外交策略，也就是不再堅持中華民國擁有中國代表權，只代表台灣，在國家名稱上立場彈性，但是重視實際的交流內容，追求實質的外交權益。雖然台灣不被世界多數國家所承認，在國際賽場上還要被迫稱為中華台北，但是運動選手就是最棒的大使，為我們與世界做實際的交流。不只是旅外的棒球選手，各領域頂尖運動員如極地馬拉松跑者陳彥博、總統文化獎得主及巴黎奧運霹靂舞賽事主席陳伯均、前世界羽球球后戴資穎、桌球老將莊智淵、台灣首位泳渡英吉利海峽的泳將許汶而，以及與盧彥勳同在世界網壇發光、不管搭配哪個國家選手，都能贏得雙打冠軍的九座大滿貫得主謝淑薇等等，只要出國征戰，就是把台灣帶出去與世界交朋友。

我們還沒有國內外一致認可的名字，真正的邦交國也很少，但是我們與世界許多國家，有著實質的友好關係。化身隱形外交官的運動員們，以及具運動背景的無任所大使，如戴資穎和劉柏君，讓越來越多國家認識並認同台灣，國際轉播即使畫面出現Chinese Taipei，主播都以Taiwan稱呼我們。世界棒球十二強賽，潘傑楷在對美國一役的賽後記者會，穿著印有Taiwan的帽T，對國際媒體說他是來自台灣的潘選手；隊長陳傑憲在冠軍戰開轟繞壘時於球衣胸前比框，雖然那個空白位置不像別的球隊印有國名，但人人都知道那是Taiwan；賽後王牌投手林昱珉也用英文對外媒說：「台灣不是個普通的國家，一個小國也可以成為世界冠軍。」世界冠軍Team Taiwan，會讓世界挺台灣，如果政府願意提供更多資源，好好栽培運動員，得到的不只是運動賽場上的成績，還能賺到最棒的實質外交。透過運動，台灣可以與世界建立美好的「永續發展夥伴關係」。

世界的台灣杯——台灣外籍移民足球聯盟

一九九二年，台灣通過《就業服務法》引進外籍移工後，根據勞動部統計至二〇二四年底為止，台灣外籍移工已有約八十多萬人，這群來台打拚的異鄉人，休假時除了在各地火車站附近與朋友聚聚，還有一大群熱愛足球運動的球友，會和同鄉一起踢球排解壓力、一解思鄉之苦，甚至還能在台灣參與「世界杯」，與不同國家的人交流。

台灣是足球沙漠，但對東南亞許多國家而言，足球具有國球地位，以台灣主要的移工來源印尼、菲律賓、越南及泰國來看，二〇二四年世界足總年終排名，泰國九十七名、越南一一四名、印尼一二七名、菲律賓一五〇名，台灣則是一六五名，顯見足球國力的差距。許多移工在家鄉即會與三五好友結伴踢球，到了台灣工作，最常從事的休閒活動也是足球，平時利用下班空檔在工作所在地找地方踢球，假日則會邀集更多人尋找大場地比賽。最早約在一九九八年，一群泰籍移工會在中南部組織區域性足球賽，後來有更多各國移工在各地組隊、辦聯賽，人數最大宗的印尼移工，甚至自組「在台灣足球大聯盟」，建立更完整的聯賽制度。二〇一五年因印尼移工在場地租借上遇到困難，請「台

灣外籍工作者發展協會」協助處理，協會索性為移工們舉辦第一屆「台灣杯國際移工足球賽」，吸引眾多移工組隊踴躍參與，賽事大受歡迎，因而有大量移工的城市如桃園、新北、台中，也陸續跟進辦地方足球賽，台灣杯幾經周折開始聯賽化、擴大賽事規模，為了讓更多元的族群加入，也促成「台灣外籍移民足球聯盟」在二〇一九年誕生。

過去移工在台灣租借場地遭遇許多阻礙，申請管道多只有中文界面，經費資源有限，使用公共空間如學校、公園，也會被刁難、驅趕或檢舉。這些困境卻讓移工團結起來，不同國籍的人即使語言不通，足球是共通的語言，大家會互相幫忙，賽事變多後交流變多，有了聯盟後跨國合作更為緊密。因聯盟開放在台灣工作的外籍人士，及外籍交換學生都能參與，賽事變得更像小型的世界杯，有來自日本、歐美、非洲等地組成混合國籍的隊伍。多屬藍領的東南亞移工與社經地位較高的白領人士，因足球而平等，難有交集的兩群人，也因賽事增加交融的機會。不過藍領移工無論是練球時間、經費、場地資源都不比白領階級，許多外籍人士甚至有俱樂部球隊，所以聯盟仍以服務移工球隊為優先。雖然有著資源上的差異，多數移工抱持著只要有球踢，勝負不是絕對的重點，而且能與母國足球實力優異的國家同場競技，也更有樂趣。

移工到異鄉工作適應生活不易，足球運動不但有益身心健康，還能開展人際網絡。因此有不少企業鼓勵移工參與聯盟，讓他們以所屬公司命名球隊，還在廠區自辦賽事。移工好就是對公司好，許多移工有足球做為生活寄託後，工作效率變高，同鄉間更有凝聚力，不同國家的員工也能磨合差異，甚至有越來越多人因為台灣可以踢足球，而更有意願來台或留下來工作。移工是台灣眾多產業順利發展的重要夥伴，應當將他們視為合作關係而非雇佣關係，重視移工的身心需求，透過足球弭平隔閡，創造友善環境，建立更多國際交流，讓台灣成為世界各地人才樂於聚集之地，非常有利國家永續。

美國大兵與侍JAPAN雙強出擊——世界棒球經典賽

談到世界最重要的運動賽事，奧運會是多數比賽最高殿堂。但棒球被發明至今已超過百年，卻到一九九二年才被奧運列為競賽項目，至二〇二〇年東京奧運也僅出現六屆，主要就是棒球運動只在美洲、東亞、荷蘭及澳洲等數十國比較盛行，因此只有在奧運主辦國的棒球賽事也熱門時，才會被列為競賽項目。過去國際級棒球賽事，只有國際棒壘球總會於一九三八年開始舉辦的世界棒球錦標賽（Baseball World Championship），後更名為世界杯棒球賽（Baseball World Cup），以及一九七三年開始的洲際杯棒球賽（Intercontinental Cup）。但職業選手擔心比賽可能會受傷，或考量生涯發展等因素，參加意願不高，這兩項賽事的球隊主力多為業餘或大學選手，賽事強度略低。也就是，棒球一直沒有像足球世界杯那樣的頂級賽事。

直到二〇〇六年，美國職棒大聯盟為拓展商業版圖，想把棒球運動炒熱，開始主導舉辦世界棒球經典賽（World Baseball Classic，WBC），且是唯一開放大聯盟球員參賽的國際賽事，選手「星度」最高，使世界杯及洲際杯關注度受影響，分別於二〇一〇及二〇一一年停辦。國際棒壘球總會於是在二〇一五年再創世界棒球十二強賽（WBSC Premier 12，P12），並與

WBC錯開年分舉行。但是P12未開放大聯盟球員參賽，又是辦在各國職棒賽季後，球員已相當疲勞甚或有傷，參與選手強度較WBC低一點。但另一方面，P12主力球員多為各國本土職棒球員，也最能反映本土棒球國力，所以能拿到P12冠軍的台灣隊還是非常厲害！

WBC為鼓勵更多國家參加，讓更多人認識、喜愛上棒球，在選手代表參賽的國籍認定非常寬鬆，可以代表父母任一方的國籍或是出生國家出賽，因此許多在大聯盟打拚但無法入選美國隊的球員，可以因血緣到棒球發展較弱的國家提升戰力，同時提高自己的能見度，比方二〇二三年的道奇隊球員崔斯·湯普森（Trayce Thompson），是因父親來自英屬巴哈馬而能代表英國出賽。WBC在二〇一二年增設資格賽，就有英、西、德、捷克、以色列等棒球冷門國家加入戰局，帶動了世界各地的棒球發展，也被視為棒球國際賽事的最高榮耀。

除了提高選手強度、放寬參賽資格等策略，WBC的成功還在於「美日同盟」，不只是美國努力推動，另一棒球強權日本的積極參與，亦關係重大。二〇〇六年WBC舉辦首屆賽事，當時效力西雅圖水手隊的日本傳奇球星鈴木一朗，在賽前受訪時表示，他不想只滿足於勝利，還要用優異的表現讓對手感到未來三十年都無法戰勝日本隊。朗神說到做到，在比賽過程中的拚戰精神激勵了全隊士氣，果然帶領日本隊奪下冠軍。二〇〇九年WBC，為了有一個比日本隊更響亮的名稱，廣告公司提出了侍的概念，「侍」為日本武士階級，象徵強大戰力與傳統日式精神，日本自此對內對外都以「侍JAPAN」（侍ジャパン）來稱呼自己，侍JAPAN也不負名稱意義再度拿下冠軍，賽後總教練原辰德對選手們說：「你們成為了強大的侍！」二〇一三年侍JAPAN追求WBC三連霸失利，侍JAPAN從一個名稱變成了貫徹意志的組織，日本野球機構設立「侍JAPAN事業部」，定位為日職第十三隊，專注培訓年輕選手備戰國家隊，誓言在二〇一七年奪回世界第一。這個夢想雖被等了多年的WBC發起者美國隊打破，但是侍JAPAN在因疫情而間隔了六年的第五屆WBC中，重新震撼世界贏得至高榮譽。

二〇二三年侍JAPAN陣容華麗，投手不但有當今全球最知名的職棒選手大谷翔平，還有二〇〇九年WBC奪冠功臣、在大聯盟宰制多年的達比修有，日職連三年奪投手四冠王的山本由伸，以及二十歲就投出完全比賽的令和怪物佐佐木朗希，打者更是從第一棒到第九棒都是各隊的第四棒。尋求衛冕的美國大軍也是精銳盡出，全隊都是大聯盟各方頂尖好手，兩隊一路過關斬將來到冠軍戰，這場精彩的史詩大戰，最後對決還碰巧是兩隊隊長，且同在洛杉磯天使隊的隊友，大谷翔平對上「神鱒」楚奧特（Mike Trout），棒球之神才寫得出的完美劇本，全世界球迷都為之瘋狂，讓WBC全球收視創下新高。受足球興起與少子化影響，日本棒球參與人口日益萎縮，因此總教練栗山英樹強調侍JAPAN的使命，是將棒球的歡樂與魅力，經由贏球傳遞給下一代，與美國推廣棒球運動的意圖不謀而合。

向來有著大美國主義，以世界老大哥自居的國家，派出火力強悍大軍，與曾經侵略性十足的日本民族，祭出傳統武士戰鬥精神，雙方人馬透過棒球和平激戰，無論誰拿下冠軍，都讓更多人愛上棒球，共同把餅做大，正如在四強戰敗給日本隊的墨西哥總教練吉爾（Benji Gil）所說，「贏家是棒球世界」。棒球運動有團結人心、使社會和諧、創造經濟產值、促進觀光交流等對國家永續發展的利多，美國大兵與侍JAPAN聯手出擊，為棒球世界與世界永續，創造雙贏。

永續發展夥伴關係目標

↗目標17．1加強國家內資源動員，包含透過支援開發中國家，以提高國內稅收與其他收入取得的能力。

↗目標17．2已開發國家全面落實其官方發展援助承諾，包含提供國民所得毛額的〇．七%給開發中國家、〇．一五～〇．二%給最低度開發國家。鼓勵設定目標，向最低度開發國家提供至少占國民所得毛額〇．二%的援助。

↗目標17．3從多種來源為開發中國家調動額外財務支援。

↗目標17．4透過提高負債融資、債務減免與債務重整的協調政策，協助開發中國家取得長期負債清償能力，並解決高負債貧窮國家的外債問題，以減少負債壓力。

↗目標17．5採用及實施對最低度開發國家的投資促進方案。

↗目標17．6加強科學、技術與創新領域的北半球與南半球國家、南半球與南半球國家，以及三角區域性與國際合作，並依照共同議定條件加強知識共享，包含改善現有機制之間的協調，特別是聯合國層級，以及透過全球技術促進機制。

↗目標17．7依據雙方議定的優惠條件，包含減免，促進開發中國家開發、轉移與傳播無害環境技術。

↗目標17．8在二〇一七年前，全面啟動最低度開發國家的技術庫、科學、科技與創新能力機制，並加強利用有利技術，特別是資訊與通訊技術。

↗目標17.9加強國際社會對開發中國家實施有效且針對性的能力建設支持，以落實所有的永續發展目標國家計畫，包含北半球與南半球國家、南半球與南半球國家，以及三角區域的國際合作。

↗目標17.10在世界貿易組織的架構下，促進全球遵循規則、開放、無歧視與公平的多邊貿易系統，包含在杜哈發展議程內簽署的協定。

↗目標17.11大幅增加開發中國家的出口，特別是在二〇二〇年前，讓最低度開發國家的全球出口占比增加一倍。

↗目標17.12根據依照世界貿易組織的決定，如期對所有最低度開發國家，實施持續性免關稅與免配額市場准入，包含適用最低度開發國家進口產品的優惠原產地規則須簡單透明，以助其進入市場。

↗目標17.13提高全球總體經濟的穩定性，包含政策協調與一致性。

↗目標17.14提高政策的連貫性，以實現永續發展。

↗目標17.15尊重各國制定與實施的消除貧窮與永續發展政策的空間與領導力。

↗目標17.16加強全球永續發展合作，調動和分享知識、專長、技術與財政支援，協助所有國家實現永續發展目標，特別是開發中國家。

↗目標17．17依據合作經驗與資源策略，鼓勵與促進有效的公共、公民營和公民社會的夥伴關係。

↗目標17．18在二〇二〇年前，協助開發中國家（包含最低度開發國家與小島型開發中國家）的能力建設，各國大幅增加依收入、性別、年齡、種族、移民身分、身心障礙、地理位置，及其他國家背景相關特徵分類的高品質、即時且可靠的資料數據。

↗目標17．19在二〇三〇年前，依據現有措施基礎上，制定與永續發展進程及國內生產毛額相關的評量標準，並協助開發中國家統計能力的培養。

參考資料

01 SDG6 淨水與衛生——多喝水多運動，環境多蓬勃

United Nations (2024). SDG Knowledge Goals 6 targets and indicators. From https://sdgs.un.org/goals/goal6

大安森林公園之友基金會（2024）。台北健森房　以城市的能量涵養一座森林。取自https://ecogym.taipei/

臺北市工程局水利工程處（2024）。環騎臺北　河濱自行車挑戰認證。取自https://heo.gov.taipei/cp.aspx?n=3D01D45FB86C3A40

朱珮甄（2023）。乘風破浪的大藍海時代　船艇自駕運動正興起。高雄畫刊。取自https://takao.kcg.gov.tw/article/1080

林巧璉（2024年1月15日）。高雄燈會迎黃色小鴨　推出創意環保自力造筏賽。中央社。取自https://www.cna.com.tw/news/aloc/202401150215.aspx

高雄市水利局（2024）。愛河整治篇。取自https://kcgwei.mystrikingly.com/14

臺北市戶外教育及海洋教育中心（2024）。海資中心緣起。取自https://tpomec.tp.edu.tw/article/%E7%B7%A3%E8%B5%B7-%E6%B5%B7%E6%B4%8B%E4%B8%AD%E5%BF%83

02 SDG 7 可負擔的永續能源——運動是最環保的再生能源

United Nations (2024). SDG Knowledge Goals 7 targets and indicators. From https://sdgs.un.org/goals/goal7

Weber Shandwick (2024). Turning a local prototype into a global example. From https://webershandwick.com/work/turning-local-prototype-into-global-example

陳祖安（2024年6月14日）。運動是最環保的再生能源。聯合報，繽紛D2版。

國泰人壽（2022）。2022國泰人壽永續報告書。取自https://patronc.cathaylife.com.tw/ODAB/Path/DTPDAB17/dc682b77-5b7a-45f9-9b93-d1051602feed.pdf

國泰人壽（2023）。2023國泰人壽永續報告書。取自https://patronc.cathaylife.com.tw/ODAB/Path/DTPDAB17/db060aab-5715-4f77-9e8b-fddc390bd9bc.pdf

03 SDG 13 氣候行動——節能、減碳、愛運動

United Nations (2024). SDG Knowledge Goals 13 targets and indicators. From https://sdgs.un.org/goals/goal13

安德魯・辛巴里斯（2016）。奧運的詛咒：奧運、世足等大型運動賽會背後的經濟豪賭。新北市：八旗文化。

陳祖安（2023年12月31日）。運動對永續台灣有益。聯合報，繽紛D2版。

陳祖安（2024年3月8日）。上等人10K馬拉松國際邀請賽。聯合報，繽紛D2版。

富邦金控（2024）。永續報告書。取自https://www.fubon.com/financialholdings/citizenship/downloadlist/downloadlist_report.html

富邦金控（2024）。Run for green。取自https://www.fubon.com/r4g/#r4g

04 SDG 14 永續海洋與保育——親海運動，喜洋洋

Ben Lecomte (2024). Ben Lecomte is on a mission to change the world’s relationship with plastic. From https://benlecomte.com/

Donata Taddia (2019). IF Sustainability Project Good Net Project. From chrome-extension://efaidnbmnnnibpcajpcglclefindmkaj/https://stillmed.olympics.com/media/Document%20Library/OlympicOrg/IOC/What-We-Do/celebrate-olympic-games/Sustainability/Case-Studies/2019/GOOD-NET.pdf

Kelly（2019年12月2日）「太平洋垃圾場破冰者」Ben Lecomte 用整個夏天、游超過３００海浬，全是為海洋環境！戶外風格誌。取自https://www.outsiders.com.tw/post/2337

United Nations (2024). SDG Knowledge Goals 14 targets and indicators. From https://sdgs.un.org/goals/goal14

中華民國內政部消防署（2024）。１１２年水域事故案件分析。取自https://www.nfa.gov.tw/cht/index.php?code=list&flag=detail&ids=969&article_id=16878

谷卓（2017年08月28日）。「陰溝裡游出來的榮譽」—荷蘭人天生游泳強？他們是與水共生，把危機活成日常。換日線。取自https://crossing.cw.com.tw/article/8535

林佩妏（2022年08月25日）。清除海廢不分國界！看荷蘭、台灣青年如何找回湛藍海洋。社企流。取自https://www.seinsights.asia/article/8871

邵廣昭（2015年03月26日）。臺灣是海洋生物多樣性之島。國家地理雜誌。取自https://www.natgeomedia.com/environment/article/content-5094.html

嘉義縣海洋教育資源中心（2021年11月04日）。簡單又聰明！荷蘭「泡泡屏障」阻近９成塑膠垃圾入海。取自https://ocean.cyc.edu.tw/modules/tadnews/index.php?ncsn=1&nsn=319

戴佑安（2018）。造舟計畫提升學童海洋精神之研究（未出版之碩士論文）。國立臺灣海洋大學，基隆市。

戴佑安、楊儀涵（2023）。在海洋飛翔的天使—特殊需求幼兒參與海洋教育體驗課程初探。特殊教

育發展期刊，(75)，59-72。

05 SDG 15 陸域生態——運動，是很自然的事

United Nations (2024). SDG Knowledge Goals 15 targets and indicators. From https://sdgs.un.org/goals/goal15
台灣千里步道協會（2024）。關於。取自https://www.tmitrail.org.tw/about
台灣步道守護網（2024）。步道百科。取自https://itrail.tw/trail-encyclopedia/common-trail-problems-definitions
周聖心、徐銘謙、陳朝政、黃詩芳、楊雨青（2016）。千里步道，環島慢行10週年紀念版。台北市：新自然主義。
陳祖安（2024年05月31日）。運動是很自然的事。聯合報，繽紛D2版。
陳祖安（2024年08月09日）。不方便的方便，不製造地球麻煩。聯合報，繽紛D2版。

06 SDG 1 消除貧窮——運動讓未來希望無窮

NBA Cares (2024). Our Programs. From https://cares.nba.com/our-programs/
NBA Cares (2024). 2023-2024 social impact report. From https://cares.nba.com/social-impact/
Ric Bucher (Nov. 22, 2006). Why NBA Cares is more than a PR slogan. ESPN. From https://www.espn.com/nba/columns/story?columnist=bucher_ric&id=2671953
United Nations (2024). SDG Knowledge Goals 14 targets and indicators. From https://sdgs.un.org/goals/goal14
中國信託慈善基金會（2024）。愛接棒計畫。取自https://www.ctbcfoundation.org/baseball/index.aspx
陳祖安（2023年5月17日）。運動讓未來希望無窮。聯合報，繽紛D2版。

賽斯・史蒂芬斯—大衛德維茲（2022）。數據、真相與人生。台北：商周出版。

07 ＳＤＧ２終結飢餓——用運動終結餓勢力

Heinze, K. L., Soderstrom, S., & Zdroik, J. (2014). Toward Strategic and Authentic Corporate Social Responsibility in Professional Sport: A Case Study of the Detroit Lions. Journal of Sport Management, 28(6).

Hokkaido Consadole Sapporo (2024).ホームタウン社会連携活動. From: https://www.consadole-sapporo.jp/hometown/

Hokkaido Nipponham Fighters. (2024). 社会貢献. From https://www.fighters.co.jp/csr/

JA Group Hokkaido (2024). ＪＡグループ北海道・北海道コンサドーレ札幌　連携活動シンボル From https://ja-dosanko.jp/supporter/symbolmark.php

United Nations (2024). SDG Knowledge Goals 2 targets and indicators. From https://sdgs.un.org/goals/goal2#targets_and_indicators

伊藤燿（2019）。プロ野球と地域貢献楽天イーグルスを例として。東北大学，仙台市。

陳祖安（2024年7月12日）。用運動終結餓勢力。聯合報，繽紛Ｄ２版。

劉峻誠（2017年1月4日）。曾想放棄棒球路，張進德想到幫助自己的人就會再前進。ETtoday新聞雲，ETtoday運動雲。取自https://sports.ettoday.net/news/842218

藤本淳也、福田拓哉（2018）。日本スポーツマネジメント学会スチューデント特別セミナー 2017報告。スポーツマネジメント研究，10(1)，121-133。

08 SDG 3健康與福祉——有運動，心會跳動與感動

Arsene Lo（2024年03月08日）。產官學三進合擊　強化運科擴能　2024台灣國際運動及健身展 TaiSPO展示台灣運動科技成果。印象台灣。取自https://eyeontw.com/2024/03/%E7%94%A2%E5%AE%98%E5%AD%B8%E7%BC%BA%E4%B8%80%E4%B8%8D%E5%8F%AF-%E9%81%8B%E7%A7%91%E6%93%B4%E8%83%BD%E5%82%AC%E5%8C%96%E4%BA%BA%E6%89%8D%E5%9F%B9%E8%82%B2%E3%80%81%E5%AD%B8%E8%A1%93%E7%A0%94%E7%99%BC/

TLL編輯（2021年08月07日）。東奧場外的台灣科技力：AI教練系統助郭婞淳奪金，智慧舉重訓練鏡即時分析人體骨架、修正動作。關鍵評論網。取自2021/08/07https://www.thenewslens.com/article/154725

United Nations (2024). SDG Knowledge Goals 3 targets and indicators. From https://sdgs.un.org/goals/goal3

王真魚（2021年12月01日）。兄弟不再「亞」！運動心理師陪伴「整理經驗」中生代各領風騷。ETtoday運動雲。取自https://sports.ettoday.net/news/2136468

邱惠恩（2023年06月09日）。運動員的第三隻眼　成奪牌祕密武器。公視新聞網。取自https://news.pts.org.tw/article/640768

陳祖安（2023年04月30日）。下一戰經典，從心多贏一點點。聯合報，繽紛D2版。

陳美燕、陳建源（2023）。運科擴能：自行車虛擬路線開發成果展示。人文與社會科學簡訊，25(1)，39-44。

陳美燕（2024）。體育運動營造樂活與幸福的人間力。人文與社會科學簡訊，25(3)，76-83。

陳德倫（2021年10月12日）。競技場下的心靈捕手—運動心理師無用武地，誰來接住選手的SOS？報導者。取自https://www.twreporter.org/a/athlete-mental-health-resource

唐詩（2016年12月29日）。世界球后是這樣練成的！戴資穎靠「祕密武器」不再是肉雞。奇摩新聞。取自https://tw.news.yahoo.com/-090027148.html

國家地理頻道（2022年12月4日）。透視內幕：運動科學。取自https://www.youtube.com/watch?v=uCrg34aO-CU

嚴文廷（2024年7月27日）。運科團隊大進階、「基因教練」首上場，治得好奧運國家隊的「硬傷」嗎？報導者。取自https://www.twreporter.org/a/paris-2024-olympics-sports-science-gene-team

09 SDG 4優質教育——體育是五育的核心

United Nations (2024). SDG Knowledge Goals 4 targets and indicators. From https://sdgs.un.org/goals/goal4

何凱成（2019）。球學：哈佛跑鋒何凱成翻轉教育。台北市：天下文化。

陳祖安（2023年11月26日）。四肢發達的頭腦都不簡單。聯合報，繽紛D2版。

球學聯盟（2024）。球學聯盟。取自：https://www.cxleague.com/

10 SDG 5性別平等——女子運動是好事

FIFA (2024). FIFA/Coca-Cola World Ranking. From https://inside.fifa.com/fifa-world-ranking

Jenny Mccoy (April 1st, 2020). 13 Times Women in Sports Fought for Equality. Glamour. From https://www.glamour.com/story/13-times-women-in-sports-fought-for-equality

Sarah Mervosh & Christina Caron (March 8th, 2019). 8 Times Women in Sports Fought for Equality. The New York Times. From https://www.nytimes.com/2019/03/08/sports/women-sports-equality.html

United Nations (2024). SDG Knowledge Goals 5 targets and indicators. From https://sdgs.un.org/goals/goal5

陳祖安（2024年05月03日）。以婦之名。聯合報，繽紛D2版。

陳祖安（2024年10月25日）。追求運動性平，姊姊哥哥站出來。聯合報，繽紛D2版。

陳祖安（2025年4月14日）。【新聞小操場】球迷也能當大使，台灣如何透過運動和世界交朋友？少年報導者。取自https://kids.twreporter.org/article/news-playground-sports-diplomacy

黎建忠（2024年03月04日）。足協被爆逼女足球員簽不平等合約　聲明致歉作廢合約。中央社。取自https://www.cna.com.tw/news/aspt/202403040327.aspx

11 SDG 10消弭不平等——體育世界，沒有少數族群

Brittain, I., & Beacom, A. (2016). Leveraging the London 2012 Paralympic Games: What Legacy for Disabled People? Journal of Sport and Social Issues, 40(6), 499–521.

NBBA (2024). History Overview. From: https://www.nbba.org/history/

Tweedy, S. M., & Vanlandewijck, Y. C. (2011). International Paralympic Committee position stand—background and scientific principles of classification in Paralympic sport. British Journal of Sports Medicine, 45(4), 259–269. https://doi.org/10.1136/bjsm.2009.065060

United Nations (2024). SDG Knowledge Goals 10 targets and indicators. From https://sdgs.un.org/goals/goal10

WeThe15 (2024). About. From https://www.wethe15.org/news

中華民國內政部戶政司全球資訊網（2024）。人口統計資料。取自https://www.ris.gov.tw/app/portal/346

東京都オリンピック・パラリンピック調整部（2024）。Promotion of the barrier-free environment. From https://www.2020games.metro.tokyo.lg.jp/15%20Promotion%20of%20the%20barrier-free%20environment.pdf

陳祖安（2023年08月02日）。不一樣的球賽，一樣的快樂。聯合報，繽紛D2版。

陳祖安（2024年07月26日）。體育世界，沒有少數族群。聯合報，繽紛D2版。

12 SDG 8 就業與經濟成長——各行各業盡在運動產業

United Nations (2024). SDG Knowledge Goals 8 targets and indicators. From https://sdgs.un.org/goals/goal8

陳祖安（2023年10月10日）。從「球」認識到「球」交往，Taiwan No.1在紐約大都會。聯合報，繽紛Ｄ２版。

陳祖安（2024年06月28日）。各行各業盡在運動產業。聯合報，繽紛Ｄ２版。

13 SDG 9 永續工業與基礎建設——用體育建設國家

Gavin J. Quinton (Aug 12, 2024). The countdown is on for the 2028 Olympics. Here's where LA stands on key transit projects. LAist. From: https://laist.com/news/transportation/la28-olympics-transportation

United Nations (2024). SDG Knowledge Goals 9 targets and indicators. From https://sdgs.un.org/goals/goal9

安德魯・辛巴里斯（2016）。奧運的詛咒：奧運、世足等大型運動賽會背後的經濟豪賭。新北市：八旗文化。

陳祖安（2024年04月05日）。機生蛋，蛋生機。聯合報，繽紛Ｄ２版。

陳祖安（2023年01月10日）。運動大同世界，台灣必有立足之地。聯合報，繽紛Ｄ２版。

黃泰盛、林澤民（2012）。淺談２０１０南非世界杯足球賽之相關效應。屏東教大體育，１５期，477-483。

曾依璇（2015年7月24日）。巴黎塞納河魚群變多　仍不宜玩水。中央社。取自https://www.cna.com.tw/news/aopl/201507240369.aspx

菅沼毅（2023年02月13日）。國際賽事背後的居住正義挑戰：世界觀下的林口社會住宅。眼底城事。取自https://eyesonplace.net/2023/02/13/22437/

高雄市政府運動發展局（2024）。高雄國家體育場。取自https://sports.kcg.gov.tw/ArenaIntroduction/NationalStadium

14 SDG 11永續城鄉——讓運動創生地方

Kieran Alder (2024, February 15th). Luton Town’s Miraculous Rise to Premier League Stardom. reaking The Lines. From https://breakingthelines.com/premier-league-analysis/luton-towns-miraculous-rise-to-premier-league-stardom/

Lewis Adams. (2024, September 25). Luton Town releases images of proposed new stadium. BBC News. From https://www.bbc.com/news/articles/c79n3g5e7n1o

Paulina Vairo (2023, June 1st) The Story of Luton Town. Back sports page. From https://www.backsportspage.com/the-story-of-luton-town/

United Nations (2024). SDG Knowledge Goals 11 targets and indicators. From https://sdgs.un.org/goals/goal11

田村修一（2023年08月16日）。日本職業足球聯賽30週年——歷經沉浮終成碩果，「百年構想」擘畫未來。走進日本。取自https://www.nippon.com/hk/japan-topics/g02291/?pnum=1

伊藤燿（2019）。プロ野球と地域貢献楽天イーグルスを例として。東北大学，仙台市。

和田由佳子、松岡宏高（2017）。プロ野球チームのブランド連想パシフィックリーグ に所属するチーム間の比較。スポーツマネジメント研究，9(1)，23–37。

林欣楷（2022年11月30日）。台灣足球生態翻轉中—從社區俱樂部扎根，讓運動不只是勝負。報導者。取自https://www.twreporter.org/a/2022-fifa-world-cup-taiwan-soccer-club

陳祖安（2022）。以利害關係人觀點探討樂天桃猿隊屬地經營之共享價值（未出版碩士論文）。台灣大學運動設施與健康管理碩士學程，台北市。

陳祖安（2023年03月01日）。全猿主場歡樂烤察團。聯合報，繽紛D2版。
陳祖安（2024年04月19日）。鯉魚女和神之子。聯合報，繽紛D2版。
趙瑩靜（2015）。職業棒球屬地權經營策略之探討—以北海道日本火腿鬥士隊為例（未出版碩士論文）。大仁科技大學休閒事業管理研究所，屏東縣。
蘇韋綸（2020）。日本職業運動在地化：以廣島東洋鯉魚為例（未出版碩士論文）。政治大學日本研究學位學程，台北市。

15 SDG 12責任消費與生產——環保運動裝，誰比你時尚

Takahashi, N., Nagaki, Y., Segawa, Y., Imai, F., & Kusanagi, K. (2021). New Sports SDGs and Sports Development in Developing Countries | Reuse of Used Uniforms and Practice Tools. Journal of Japan Society of Sports Industry, 31(4), 473-476.
United Nations (2024). SDG Knowledge Goals 12 targets and indicators. From https://sdgs.un.org/goals/goal12
邱莞仁（2022年10月21日）。穿夾腳拖跑完地表最長超馬　羅維銘破亞洲紀錄。鏡週刊。取自 https://www.mirrormedia.mg/story/20221021bus002
陳祖安（2024年08月23日）。環保運動裝，誰比你時尚。聯合報，繽紛D2版。
張瑞文（2024年10月16日）。遠東新世紀參加臺北紡織展　成為唯一獲獎的環保功能針織品供應商。經濟日報。取自https://money.udn.com/money/story/11799/8296080
賴言曦（2022年11月19日）。化海廢為球衣首登世足賽　遠東新打造墨西哥隊服獲封本屆最美。中央社。取自https://www.cna.com.tw/news/afe/202211190013.aspx
蘇晨瑜（2022）。台灣製鞋業先進領航　用空氣、抗菌牡蠣殼粉做鞋。光華雜誌，47（3）。

16 SDG 16制度的正義與和平——人人當有運動家精神

Paris 2024 Olympics (2024). Opening ceremony of Paris 2024- Speech given by Tony Estanguet. From https://press.paris2024.org/news/opening-ceremony-of-paris-2024-speech-given-by-tony-estanguet-ed319-7578a.html

United Nations (2024). SDG Knowledge Goals 16 targets and indicators. From https://sdgs.un.org/goals/goal16

王揚宇（2018年8月28日）體協高層灌人頭會員獲緩起訴　時力赴北檢抗議。中央社。取自https://www.cna.com.tw/news/asoc/201808280074.asp

中華奧林匹克委員會（2024）。運動員權利與責任宣言。取自https://www.tpenoc.net/the-atheletes-declaration/

陳祖安（2024年07月17日）。當台灣的國手，容易嗎？聯合報，繽紛D2版。

17 SDG 17永續發展夥伴關係——運動是全世界共通的語言

United Nations (2024). SDG Knowledge Goals 17 targets and indicators. From https://sdgs.un.org/goals/goal17

吳柏緯（2018年06月11日）我們的荒漠、他們的綠洲——遍地開花的移工足球。報導者。取自https://www.twreporter.org/a/2018-fifa-world-cup-football-migrants

陳祖安（2023年10月25日）。運動員是最棒的外交官。聯合報，繽紛D2版。

陳祖安（2024年03月22日）。美國大兵與侍武士的雙棒出擊。聯合報，繽紛D2版。

陳祖安（2025年4月14日）。【新聞小操場】球迷也能當大使，台灣如何透過運動和世界交朋友？少年報導者。取自https://kids.twreporter.org/article/news-playground-sports-diplomacy

劉桂鴻（2022）。以CORPS模式分析臺灣外籍移民足球聯盟之運作（未出版碩士論文）。國立臺灣師範大學運動休閒與餐旅管理研究所，台北市。

盧威儒（2021年07月24日）。不同國家選手交流的橋樑，奧運徽章（Pin badge）的故事。麗台運動報。取自https://www.ltsports.com.tw/article/146341

致謝

此書能付梓面世，實在受到太多人的協助，有幸認識在不同領域、用不同方式，讓運動助攻永續的人物、組織，好幾次訪談都聽到哭、狂起雞皮疙瘩，還有機會參訪國訓中心，真是運動迷的魔幻時刻。

萬分感謝願意抽出時間接受訪談的受訪者，「Fair Game！TAIWAN！體育改革聯會」發起人之一江貞億、「二次運球」創辦人之一林敬家、「千里步道協會」周聖心執行長、「中信慈善基金會」林美吟副執行長、李婉如主任及江韋霆資深專員、「中華民國身障棒壘球協會」創始人潘瑋杰、「中華民國運動員生涯規劃發展協會」曾荃鈺理事長、「中華奧會」性平委員會主委陳怡安、「台灣運動好事協會」劉柏君執行長及陳怡雯副秘書長、「台灣足球發展協會」石明謹理事長、「家扶基金會」陳乘斌處長、「展逸國際」張憲銘董事長、國立體育大學彭涵妮助理教授、「國泰人壽」林聖凱經理及施佑靜經理、馬拉松跑者張嘉哲、「球芽基金」蕭莉綾執行長、「球學聯盟」何凱成執行長、「富邦金控」林茂生副總經理、「福爾摩莎登山學校」創辦人江秀真、「臺北市海洋教育資源中心」戴佑安老師、臺灣大學林明仁教授、臺灣師範大學陳美燕教授，以及臺灣體育運動大學莊艷惠教授。你們都是我的偶像，感謝你們的付出！

也要謝謝給予寶貴寫作意見或是引薦、安排受訪者的朋友們，永遠挺我的曾兄文誠、慧玲、Benson、憲哥、《少年報導者》總監惠君、林玟伶顧問、「一間二顧公益行銷平台」執行長謝奐儀、「家扶基金會」潘惠珍主任、「奧美」老同事施愛咪、「國泰人壽」林冠毅副理及李國綸、「李奧貝納」老同事Lily、「富邦金控」子玉及Sophie、潘儀、阿奇、小珊、最正鐵人主播以理、Adam、彥君和朱詩倩。還要謝謝賜予寫作素材的好友們，以及我最尊敬的運動員們，尤其是研究所好同學渼茜。

特別感謝《聯合報繽紛版》主編栗光，沒有你運動專欄的邀稿，這本書不會誕生。

更要感謝願意抽空賜予推薦序文的資深球評曾文誠先生、教育部葉丙成政務次長、企業講師與職場作家謝文憲先生、暢銷作家楊斯棓醫師、盧建彰導演，以及所有各領域專業的推薦人。

最後要謝謝譽夫，大學一起做報告後，還能一起做書，真是奇妙的緣分。還有長期為此書代禱的教會小組成員、總是樂意聽我分享還免費校稿的韋禎、啟動我走向運動文學之路的彥如。最要感謝在各方面都全力支持我的北七老公，以及能顧好自己讓媽媽專心寫作的乖女兒。

感謝主，願祢賜給我們的一切美好，都能永續。

國家圖書館預行編目資料
運動助攻永續力：以運動推進ESG、SDGs，打造永續冠軍Team Taiwan／陳祖安 著
—初版.— 新北市：遠足文化事業股份有限公司，2025年5月
328面；14.8×21公分
ISBN 978-986-508-357-1（平裝）
1. 運動社會學 2. 企業經營 3. 永續發展

528.9015　　114004536

運動助攻永續力

以運動推進ESG、SDGs，打造永續冠軍Team Taiwan

作　　者　陳祖安
責任編輯　賴譽夫
封面設計　蔡南昇
排　　版　L&W Workshop
校　　對　陳韋禎

編輯出版　遠足文化
行銷企劃　張詠晶、趙鴻祐
行銷總監　陳雅雯
副總編輯　賴譽夫
發　　行　遠足文化事業股份有限公司（讀書共和國出版集團）
23141新北市新店區民權路108之2號9樓
代表號：（02）2218-1417　傳真：（02）2218-0727
客服專線：0800-221-029　Email：service@bookrep.com.tw
郵政劃撥帳號：19504465　戶名：遠足文化事業股份有限公司
網址：http://www.bookrep.com.tw
法律顧問　華洋法律事務所　蘇文生律師
印　　製　韋懋實業有限公司
初版一刷　2025年5月

ISBN　978-986-508-357-1
978-986-508-358-8（EPUB）
978-986-508-359-5（PDF）
定　　價　450元